SA SAINTETÉ
LE
DALAÏ-LAMA

GUÉRIR LA VIOLENCE

PLON

Titre original :
HEALING ANGER
publié par Snow Lion, Ithaca, N.Y., USA

Traduit de l'anglais
par Susanne Sinet et Christian Bruyat

ISBN 2-266-09359-2

Avant-propos

Tout enseignement bouddhiste commence avec un maître et un disciple. Celui que Sa Sainteté le Dalaï-Lama a donné, en 1993, en Arizona, à Phoenix et à Tucson, n'a pas fait exception à la règle.

Le docteur C. Cutler [1], en 1986, a lancé la première invitation. En 1990, nous avons reçu enfin une réponse favorable. Sa Sainteté acceptait de venir en Arizona en automne 1993 et demandait de quoi nous souhaitions qu'il parle.

Nous lui avons suggéré un commentaire du discours de Shantideva sur la patience. Pourquoi la patience ? Nous souhaitions d'abord que cet enseignement fût d'une portée universelle et intéressât aussi bien les bouddhistes que les non-bouddhistes. Ensuite, nous voulions que le sujet, d'ordre pratique, puisse s'appliquer à la vie quotidienne. Enfin, nous sentions que notre culture ignorait le sens de la patience, et que cela se traduisait par l'omniprésence de la colère. La

1. Le Dr Cutler est un médecin qui a travaillé durant de nombreuses années auprès du Dalaï-Lama. C'est à sa demande que le Dalaï-Lama est venu délivrer ces entretiens en Arizona.

colère est l'une des grandes responsables des malheurs, des souffrances, des discordes et des violences d'aujourd'hui. Elle s'exprime mille fois par jour dans les médias, en particulier à la télévision. Elle se reflète dans la façon dont notre société procédurière règle les litiges, dans le comportement de nos dirigeants, dans la montée de la violence familiale, dans la multiplication des sévices infligés aux enfants, dans la haine et le dégoût de soi qui imprègnent notre culture. La politesse, la gentillesse, la patience et la compassion semblent appartenir à un passé mythique.

Dès le début de son chapitre sur la patience, Shantideva [1] déclare qu'un seul instant de colère peut réduire à néant le mérite de toute une vie. Cette affirmation, à première vue, peut sembler un peu sévère, mais à y réfléchir, elle est parfaitement logique. Lorsque nous nous mettons en colère contre quelqu'un, nous sommes inconscients des effets que cela produit sur lui, sans parler des répercussions en chaîne que notre attitude engendre. Ces répercussions sont réelles ; la personne que nous agressons ne gardera pas cette colère en elle ; elle la transmettra à d'autres,

1. Shantideva est un saint bouddhiste, un bodhisattva qui a vécu au IXe siècle et dont l'ouvrage *La Marche vers l'Éveil* constitue une base essentielle pour l'étude du bouddhisme selon le Grand Véhicule. Shantideva a porté à leur perfection l'exercice des vertus en aidant les autres et en retardant son entrée dans le nirvana jusqu'à ce que ceux-ci l'aient atteint. Il a facilité, grâce à son œuvre, la pratique du Grand Véhicule (mahâyâna), apparu à la fin du Ier siècle av. J.-C. et qui a incité à la création de nombreux textes sanskrits.

peut-être de nombreuses fois. Or, l'antidote de la colère est la patience.

C'est pourquoi il est indispensable, à notre époque, de faire connaître à tous la sagesse de Shantideva concernant cette vertu.

Notre idée était d'accueillir Sa Sainteté le Dalaï-Lama dans une résidence disposant d'une salle de conférence et de logements pour les participants. Nous voulions créer pendant cinq jours une sorte de campus où chacun pourrait se détendre et apprécier la compagnie des autres. Il était important que le site fût beau et paisible, et que le Dalaï-Lama et son entourage, les participants et leurs familles, se sentent enrichis par l'environnement naturel. Nous avons choisi le Sheraton El Conquistador Resort, au milieu du désert de Sonora avec, en toile de fond, les monts Catalina dans l'Oro Valley, au nord de Tucson.

Le matin où le Dalaï-Lama arriva à Tucson, au moment où nous approchions de l'Oro Valley, un double arc-en-ciel apparut dans le ciel d'un bleu profond, au-dessus du désert. Devant la beauté naturelle du site, le Dalaï-Lama s'est écrié qu'il lui rappelait beaucoup Lhassa.

C'est sous ces bons auspices que le 11 septembre 1993, en l'année de l'Oiseau d'Eau, d'innombrables dieux et demi-dieux, mille six cents humains, des bodhisattvas, des asuras et des gandharvas se sont rassemblés à Pusch Ridge, dans l'Arizona. Ils écoutèrent Sa Sainteté Tenzin Gyatso, quatorzième Dalaï-Lama du Tibet et incarnation vivante du bodhisattva

Avalokiteshvara, transmettre et commenter l'enseignement du grand maître Shantideva sur la patience et l'art de vivre du bodhisattva. Prions pour que ces enseignements soient utiles à tous les êtres.

REMERCIEMENTS

Nous remercions la Fondation des Amis du Tibet de l'Arizona, particulièrement sa présidente, Peggy Hitchcock, qui a permis à notre toute nouvelle organisation d'annoncer ces enseignements et d'en exécuter les innombrables préparatifs. Une trentaine de volontaires, sous la direction de Bonnie Cheney, prirent en charge la plupart des tâches, et Dan Crowell, G. Greg Bender et Richard Laue mirent au point les systèmes informatiques d'enregistrement.

Ce livre a été conçu à partir de seize heures d'enseignement oral donné par le Dalaï-Lama et transcrit par des bénévoles. Nous remercions particulièrement Julie Jones, Karen Garland, Amy Zehra Conner et Julie Montgomery. Ken Bacher relut les transcriptions et Kate Bloodgood et Susan Kyser, de Snow Lion Publications, grandement aidés par Geshe Thupten Jinpa, donnèrent au texte sa forme finale. Pour présenter plus efficacement cet enseignement sous forme de livre, nous avons pris quelques petites libertés dans la présentation générale, tout en faisant notre possible pour préserver telles quelles les paroles du Dalaï-Lama.

Rien de tout cela n'aurait pu être réalisé sans la coopération et le soutien de Kazur Tenzin Geyche Tethong, le secrétaire particulier du Dalaï-Lama, et de ses collaborateurs ; ni sans l'aide de Rinchen Dharlo, du Bureau du Tibet à New York, et de Geshe Thupten Jinpa, l'interprète de Sa Sainteté.

Enfin, nous remercions tout particulièrement Sa Sainteté Tenzin Gyatso, quatorzième Dalaï-Lama du Tibet, notre maître et notre exemple, pour la bonté dont il a fait preuve en offrant ces enseignements aux habitants de l'Arizona et au monde entier. Sa pratique personnelle de la patience est une source d'inspiration pour nous tous. Puisse-t-il vivre longtemps et tourner la « roue du Dharma » pour son peuple et pour tous ceux qui le considèrent comme un exemple de compassion et de bonté éclairées, dans un monde trop plein de défiance, de conflits et de colère.

Puissent tous les êtres en tirer profit.

Lopön Claude d'Estrée
Ken Bacher
Arizona Teachings, Inc.

Premier jour

PREMIÈRE SÉANCE

D'une façon générale, les grandes religions mettent en valeur l'amour, la compassion et la tolérance. C'est le cas en particulier des différentes traditions bouddhistes — le Theravada, le Grand Véhicule [1] et le Véhicule des Tantras (la tradition ésotérique), qui déclarent chacune que l'amour et la compassion sont le fondement de toute voie spirituelle.

Pour permettre au potentiel de compassion et d'amour qui se trouve en nous de se développer, il est essentiel de combattre les forces qui s'y opposent. C'est pourquoi la pratique de la patience est essentielle : elle seule peut nous rendre capables de surmonter les obstacles à la compassion.

1. Grand Véhicule (sanskrit : *Mahayana*) : l'une des deux (l'autre étant le Petit Véhicule) ou trois (si l'on ajoute le Véhicule des Tantras) grandes voies, ou véhicules, du bouddhisme. On le qualifie de « grand » en raison de la grandeur du courage, de l'intention, de la pratique, de la sagesse, des méthodes, du résultat et de l'activité du bodhisattva, par rapport au pratiquant du Petit Véhicule.

Le lecteur trouvera en fin de volume un glossaire donnant l'explication des mots mal connus.

Lorsque nous évoquons la patience, ou la tolérance, il faut comprendre que ces vertus possèdent différents degrés, depuis la simple capacité de supporter la chaleur ou le froid, jusqu'aux plus hautes formes de patience, comme celle des grands pratiquants, les bodhisattvas qui ont atteint l'apogée de la voie bouddhiste. Étant donné que la patience provient d'une certaine aptitude à rester ferme et inébranlable, à ne pas se laisser submerger par les circonstances ou les événements, on ne doit pas la considérer comme un signe de faiblesse, mais au contraire comme une force. C'est d'ailleurs ainsi qu'on la définit en général.

Même pour supporter une difficulté physique comme le froid ou la chaleur, la compréhension joue un rôle primordial. Par exemple, si nous nous rendons compte qu'être capable d'endurer une épreuve immédiate peut avoir des conséquences bénéfiques à long terme, nous avons davantage de chances de pouvoir accepter nos difficultés quotidiennes. Chez les bodhisattvas qui pratiquent les plus hautes formes de patience, l'intelligence est un auxiliaire très important.

La patience n'a pas seulement une valeur du point de vue du Dharma [1], elle est aussi extrêmement utile dans la vie de tous les jours. Elle nous permet de rester calme et de garder notre présence d'esprit. Celui qui est capable de patience et de tolérance demeurera

1. Dharma (sanskrit) : ce terme a de nombreux sens. Dans son usage bouddhiste le plus courant, il désigne l'enseignement du Bouddha. C'est sa signification chaque fois qu'il est employé dans le présent ouvrage.

tranquille et serein, même s'il vit dans un environnement tendu, frénétique ou opprimant.

Le texte sur lequel je m'appuie appartient à la littérature bouddhiste, et plus particulièrement à celle du Grand Véhicule. Beaucoup de pratiques sont présentées du point de vue de l'adepte du Grand Véhicule, c'est-à-dire de celui qui cultive l'esprit d'Éveil [1] et mène une vie conforme aux principes du bodhisattva [2]. Mais bon nombre de techniques et de méthodes demeurent valables, même pour ceux qui ne pratiquent pas le bouddhisme ou ne considèrent pas le bouddhisme comme leur religion personnelle.

Ce texte est intitulé en sanskrit *Bodhisattvacharyavatara*, que l'on pourrait traduire par « Guide de l'activité du bodhisattva » [3]. Cette activité du bodhisattva comporte trois étapes, ou niveaux. La première étape est l'entrée dans la voie du Grand Véhicule, c'est-à-dire principalement l'adoption de l'esprit d'Éveil, le désir altruiste d'atteindre l'Éveil ultime pour le bien de tous les êtres. Puis vient ce qu'on appelle la pratique principale, la mise en œuvre des six perfections, les préceptes essentiels de l'esprit d'Éveil, parmi lesquels on trouve la patience. Enfin vient l'activité du

1. Esprit d'Éveil : aspiration à atteindre l'Éveil ultime pour libérer tous les êtres de la souffrance.

2. Bodhisattva (sanskrit) : celui qui a fait naître en lui l'esprit d'Éveil et progresse sur la voie de l'Éveil ultime. On distingue les bodhisattvas ordinaires, c'est-à-dire les pratiquants du Grand Véhicule, et les bodhisattvas suprêmes, ceux qui ont atteint l'une des dix « terres », ou degrés, de réalisation.

3. Dans la traduction française que nous avons utilisée, avec la permission des éditions Padmakara, le titre a été traduit par *La Marche vers l'Éveil.*

bodhisattva qui a atteint la bouddhéité grâce à la pratique des six perfections.

Dans le premier chapitre de son livre, Shantideva expose les mérites et les bienfaits de la naissance de l'esprit d'Éveil :

Je rends hommage au corps des bodhisattvas
Où est né le joyau de cette pensée sublime ;
Je prends refuge dans ces mines de bonheur
Qui apportent le bonheur quand bien même on les [offense.

Celui qui fait naître en lui l'altruisme sans limite mérite véritablement le respect et l'admiration, car son aspiration se transforme en capacité infinie d'aider les autres. Parce que cet altruisme est source de bonheur, non seulement pour soi-même, mais aussi pour d'innombrables êtres, tout lien, même négatif, que les autres établissent avec une telle personne les marquera d'une puissante empreinte. Même s'ils lui font du mal ou établissent avec lui de mauvais rapports, les conséquences peut-être néfastes dans l'immédiat seront bénéfiques à long terme. Tel est le pouvoir de l'esprit d'Éveil.

Le véritable fondement de cet altruisme est la compassion. C'est pourquoi Chandrakirti lui rend hommage au début de *L'Entrée dans la voie du milieu*, à la différence d'autres auteurs qui adressent leur hommage au Bouddha, à un bodhisattva ou une déité de méditation. Il souligne ainsi le fait que la compassion garde toujours la même importance et la même valeur, depuis le stade de débutant jusqu'à l'Éveil ultime, en passant par celui de pratiquant expérimenté. Les grandes religions ont leur propre manière d'enseigner la compassion et d'expliquer son importance, mais toutes sont unanimes pour dire qu'elle est à la source de tout. Ceci est capital.

On pourrait définir sommairement la compassion comme un état d'esprit sans violence, sans malveillance ni agression, mais on risque de la confondre avec l'affection ou l'attachement.

Nous devons distinguer deux sortes de compassion — et d'amour. La première s'appuie sur l'attachement, ou est mêlée d'attachement. Assez subjective, elle est fondée pour une grande part sur le fait que son objet est un être cher ou proche.

Le deuxième type de compassion est la compassion authentique. Celle-ci est libre d'attachement. Elle n'est pas fondée sur des liens d'amitié ou de parenté, mais sur le raisonnement suivant : les autres, au même titre que moi, désirent naturellement être heureux et ne pas souffrir. Tout comme moi, ils ont le droit de réaliser cette aspiration fondamentale. Lorsqu'on reconnaît cette égalité, ou cette ressemblance entre soi et autrui, on éprouve un sentiment d'affinité, de sort commun, et sur cette base on souhaite qu'ils soient heureux et ne souffrent pas. C'est cela, la vraie compassion.

Il est clair que l'intelligence ou la sagesse jouent également un rôle majeur et rendent notre sentiment plus ou moins intense et profond. Le bouddhisme distingue trois types de compassion authentique. La première ne s'accompagne d'aucune forme de sagesse. La seconde s'accompagne d'une compréhension profonde de la nature éphémère des êtres. La troisième, dite « sans objet réel », a pour cause auxiliaire la sagesse — la vision pénétrante de la nature ultime du réel. A ce niveau, on perçoit la nature vide des êtres, et la compassion pour eux s'en trouve renforcée.

La compassion authentique et l'altruisme sans limite ne peuvent être développés et cultivés sans un effort conscient. Nous sommes tous capables de cet effort. Je crois non seulement que nous possédons le potentiel, ou la source, de la compassion, mais que la nature humaine est foncièrement bonne. Il ne s'agit pas que de la nature humaine : tous les êtres sont bons dans leur véritable être. Ma croyance n'est pas uniquement fondée sur la doctrine de la nature de bouddha. Si nous réfléchissons au déroulement d'une existence, depuis le plus jeune âge jusqu'à la mort, nous voyons à quel point nous sommes nourris d'affection. Observons ce que nous ressentons lorsque nous sommes entourés par l'amour des autres. Voyons à quel point, lorsque nous éprouvons nous-mêmes un sentiment affectueux, nous sommes touchés intérieurement. Constatons combien l'affection, de même que toutes les pensées et les comportements positifs, semblent convenir davantage à notre constitution physique, combien ils agissent favorablement sur notre santé et notre bien-être. L'attitude inverse nous semble préjudiciable. De cela nous pouvons déduire, je crois, que la bonté fait partie de notre nature fondamentale. Pourquoi, alors, ne pas essayer de mener une existence plus conforme à ce que nous sommes ?

Pourtant, notre vie est pleine de conflits et de tensions, non seulement à l'intérieur de nous-mêmes, mais aussi dans nos familles, dans nos rapports avec les autres, au niveau social, national, international, dans tous les domaines. Comment expliquer ce paradoxe ?

Je pense que l'un des responsables de ces luttes est notre faculté d'imagination, c'est-à-dire, en fait, notre intelligence. Mais cette intelligence est capable de résoudre les conflits qu'elle engendre. Et c'est là que la compassion joue un rôle important. Le plus utile, pour résoudre un conflit, est évidemment l'esprit de réconciliation — y compris avec soi-même. Or, cette disposition mentale est très liée à la compassion. La compassion implique le respect des droits et des opinions d'autrui, qui est la base même de la réconciliation. Qu'importe si nous sommes confrontés à la violence et à quantité d'aléas : puisque la nature humaine est fondamentalement bonne, la meilleure solution est d'en revenir à nos sentiments humains fondamentaux : l'amour et la compassion.

L'amour et la compassion ne sont donc pas uniquement des sujets religieux. Ils nous sont également indispensables dans la vie quotidienne.

A la lumière de ce que nous venons de dire, on peut

voir que la pratique de la patience, aussi difficile soit-elle, est très utile.

Shantideva commence son chapitre sur la patience en disant :

> (1) *La générosité, la vénération pour les bouddhas,*
> *Le bien qu'on a fait*
> *Pendant des milliers d'ères,*
> *Tout cela est détruit par un instant de haine.*

Pour pouvoir cultiver la patience et la tolérance, le pratiquant doit manifester un grand enthousiasme, ou un intense désir, car plus il est motivé, plus il sera prêt à supporter les épreuves. Il devra accepter de plein gré les difficultés qui font partie intégrante de la voie.

La première étape consiste à susciter un enthousiasme à toute épreuve. Pour y parvenir, il faut réfléchir au caractère destructif de la colère et de la haine, et aux effets positifs de la patience et de la tolérance. Shantideva déclare qu'un seul instant de haine a le pouvoir de détruire des mérites accumulés pendant des milliers d'ères cosmiques. Dans *L'Entrée dans la voie du milieu*, de Chandrakirti, on lit qu'un instant de colère ou de haine détruit les mérites acquis pendant cent de ces ères. Pourquoi cette différence ? On l'explique en fonction de la personne contre qui on s'emporte. S'il s'agit d'un bodhisattva parvenu à un haut niveau de réalisation sur la voie bouddhiste, et si celui qui éprouve la haine ou la colère est un être ordinaire, la proportion de mérites détruits sera plus grande. En revanche, si un bodhisattva se met en colère contre un autre bodhisattva, cette proportion sera sans doute moindre.

Il convient de préciser quelles sortes de mérites sont ainsi détruits. Notre texte et *L'Entrée dans la voie du milieu* affirment tous deux qu'il ne s'agit que des actes méritoires, ceux qui correspondent à l'aspect de « méthode » de la voie bouddhiste, et non à l'aspect de « sagesse ». Ces mérites sont ceux, en particulier, que l'on a acquis par la pratique du don, ou en vivant conformément à une éthique. En revanche, les vertus acquises par la pratique de la sagesse, par la vision pénétrante de la réalité ultime ou par la pratique de la méditation, ainsi que la sagesse qui en résulte, ne peuvent être détruites par la colère ou la haine.

Le terme « ère cosmique » mentionné ici appartient à un système de mesure bouddhiste particulier que l'on trouve dans l'*Abhidharma*. Ce sont de grandes périodes cosmiques composées de vingt périodes intermédiaires. Ces unités de mesure se retrouvent aussi dans la cosmologie bouddhiste, une théorie expliquant le processus d'évolution de l'univers. Selon l'*Abhidharma*, l'univers passe par quatre étapes : la période vide, la période de formation, la période de durée et la période de destruction. Chacune de ces périodes est à son tour divisée selon un système précis. Il serait intéressant de comparer cette théorie à la théorie actuelle, fondée sur l'hypothèse du « big bang », selon laquelle l'évolution de l'univers se déroulerait sur quinze à vingt milliards d'années.

Selon Shantideva, les mérites renforcés par la sagesse, en particulier par la vision pénétrante de la réalité ultime (la vacuité), de même que tous les autres mérites fondés sur la réalisation du *shamata* (la stabilité de l'esprit ou concentration parfaite) ne peuvent être détruits par la haine ou la colère. Cela montre la valeur de la stabilité de l'esprit et de la vision pénétrante de la vacuité.

Dans le second quatrain, Shantideva ajoute :

> (2) *Il n'y a pas de vice égal à la haine,*
> *Ni d'ascèse égale à la patience ;*
> *Il faut donc, par des moyens variés,*
> *Cultiver activement la patience.*

Il existe de nombreuses émotions négatives : la vanité, l'arrogance, la jalousie, le désir, l'avidité, etc. Les plus néfastes sont la haine et la colère. Il y a deux raisons à cela. Tout d'abord la haine ou la colère sont les plus gros obstacles à surmonter pour le pratiquant qui aspire à développer l'esprit d'Éveil. Ensuite, lorsque la haine et la colère surgissent en nous, elles ont le pouvoir de détruire nos mérites et notre calme mental. C'est pourquoi elles sont considérées comme les plus grands de tous les maux.

Selon la psychologie bouddhiste, la haine est l'une des six émotions négatives de base. Le terme tibétain *zhe sdang* (prononcer « shédang ») peut se traduire indifféremment par « colère » ou par « haine », mais il me semble que le mot « haine » convient mieux. La colère peut être positive dans certaines circonstances, lorsqu'elle est motivée par la compassion ou lorsqu'elle agit comme un catalyseur et aboutit à un acte positif. Mais ce n'est jamais le cas pour la haine. A ce propos, on ne doit pas traduire *zhe sdang* par haine dans un contexte tantrique. On entend parfois l'expression : « utiliser la haine sur la voie ». Il s'agit d'une mauvaise traduction. Il faut dire : « utiliser la *colère* sur la voie ». Pour nous résumer, le mot tibétain *zhe sdang* peut signifier « colère » ou « haine », mais puisque la colère peut être positive, quand *zhe sdang* se réfère à une émotion foncièrement négative, on doit le traduire par « haine ».

Les deux dernières lignes du second quatrain précisent :

> *Il faut donc, par des moyens variés,*
> *Cultiver activement la patience.*

Puisque nous voulons développer notre capacité de tolérance et notre pratique de la patience, nous avons besoin de contrecarrer les forces de la colère, et surtout celles de la haine. Nous devons nous habituer par tous les moyens à être patients. Pour cela, nous pouvons utiliser les circonstances de la vie, mais aussi nous imaginer dans certaines scènes de la vie et observer comment nous réagissons.

(3) *L'âme n'atteint pas la paix,*
Ne goûte pas la joie et le bien-être,
Ne parvient pas au sommeil et à l'équilibre
Tant qu'est fiché dans le cœur le dard de la haine.

Ce quatrain décrit les effets destructeurs de la haine, extrêmement visibles et immédiats. Lorsqu'elle surgit violemment en nous, la haine nous submerge aussitôt et anéantit notre paix et notre vigilance. Nous devenons tendus, rigides ; nous en arrivons même à perdre l'appétit et le sommeil.

Je pense que le but général de notre vie est le bonheur et la satisfaction. Même le bouddhisme, qui parle de quatre causes de bonheur ou de satisfaction, déclare que les deux premières sont la joie et le bien-être tels qu'ils sont conçus dans le monde ordinaire, en dehors de tout but religieux ou spirituel comme la libération ou l'Éveil. Pour connaître cette joie et ce bien-être de façon complète, divers facteurs doivent entrer en jeu. Le plus important est notre état d'esprit. La santé physique est également considérée comme indispensable pour mener une vie heureuse. Il y a aussi l'argent que nous gagnons, les amis et les camarades. Pour vivre heureux et comblé, il faut disposer d'un cercle d'amis avec qui on peut se trouver en confiance et entretenir des rapports affectifs.

Ces facteurs contribuent effectivement au bonheur. Mais seul notre état d'esprit leur permet de remplir pleinement ce rôle. Si nous avons de violentes pensées de haine ou de colère, nous détruisons notre santé, et en même temps l'un des facteurs de notre bonheur. Nous aurons beau posséder de merveilleux objets, si nous nous emportons, nous aurons envie de les jeter ou de les détruire. La richesse ne suffit pas à apporter la joie et la satisfaction. De même, si nous sommes envahis par la haine et la colère, l'ami le plus chaleureux nous irritera ou nous paraîtra froid et distant.

L'état d'esprit joue un rôle capital dans la joie et le bonheur. Nous ne mentionnons même pas ici la pratique du Dharma. Du simple point de vue du monde ordinaire et du bonheur de tous les jours, plus notre esprit est calme, et plus nous sommes capables d'être heureux et gais.

Lorsque nous parlons de calme ou de paix de l'esprit, gardons-nous de les confondre avec une sorte d'apathie ou d'insensibilité d'où serait absente toute sensation, comme une impression de « planer » dans l'espace ou d'être totalement vide. La véritable paix de l'esprit prend sa source dans l'amour et la compassion, et implique un haut degré de sensibilité. Tant que nous ne possédons pas ce calme intérieur, les circonstances extérieures, quelles qu'elles soient, ne nous apporteront jamais la joie et le bonheur que nous recherchons. En revanche, si nous sommes en paix et si nous jouissons d'une certaine stabilité intérieure, même lorsque les circonstances extérieures que l'on considère habituellement nécessaires au bonheur nous font défaut, nous pouvons malgré tout être heureux.

Observons la manière dont naissent en nous les pensées de colère ou de haine, et nous découvrirons qu'en général elles surgissent quand nous sommes blessés intérieurement, quand nous avons le sentiment d'avoir été traités de façon injuste, contrairement à ce que nous espérions. Sur l'instant, la colère nous apparaît comme une protection, un ami qui vole à notre secours dans la bataille pour nous aider à nous venger. Mais c'est une illusion, une attitude extrêmement trompeuse. Dans l'*Entrée dans la Voie du Milieu*, Chandrakirti déclare que si la vengeance pouvait nous aider en quoi que ce soit, si elle pouvait neutraliser ou réduire le mal qu'on nous a fait, répondre à la force par la force pourrait à la rigueur être justifié. Mais il n'en est rien, car si on nous a infligé une blessure physique ou morale, le mal est déjà accompli. Nous ne pourrons ni l'éviter ni le diminuer en nous vengeant.

En fait, c'est le contraire qui se produit. En réagissant de façon négative et intolérante, non seulement nous n'avons rien à gagner sur le moment, mais nous donnons naissance à une attitude ou un sentiment négatifs qui causeront notre chute future. En effet, dans l'optique bouddhiste, celui qui se venge devra faire face aux conséquences de son acte, dans cette vie ou dans une autre.

Toutefois, si quelqu'un agit envers nous de façon criminelle et que rien n'est fait pour l'en empêcher, cela peut avoir des conséquences négatives pour lui. Dans ce cas, il faut agir de façon résolue. Vous pouvez, par compassion pour l'auteur du crime, prendre des mesures très fermes, pourvu que ce soit sans haine ni colère. L'un des préceptes des bodhisattvas prescrit d'user de mesures coercitives énergiques lorsque la situation l'exige ; faute de quoi on enfreint ce précepte.

De plus, comme le souligne *L'Entrée dans la Voie du Milieu*, non seulement les pensées de haine conduisent à des formes d'existence indésirables dans les vies futures, mais au moment où la colère surgit en nous avec violence, notre visage devient laid, malgré nos efforts pour garder un air digne ; nous émettons une énergie extrêmement hostile, que les autres perçoivent comme s'il jaillissait de la vapeur de notre corps. Même les animaux, familiers ou autres, cherchent à nous éviter.

Ajoutons qu'une forte explosion de haine ou de colère rend inutilisable la meilleure partie de notre intelligence, celle qui nous permet de juger le bon et le mauvais et d'évaluer, à court et à long terme, les conséquences de nos actes. C'est comme si nous avions perdu la raison.

Quand on réfléchit à ces conséquences négatives, on en conclut qu'il faut se tenir le plus loin possible de ce genre d'émotion.

Contre de tels effets dévastateurs, les richesses ne servent à rien, même si l'on est millionnaire. L'éducation n'est pas davantage une garantie de protection ; ni le droit, ni même une bombe atomique ! Aucun système de défense, aussi élaboré soit-il, ne peut nous protéger de la colère. Le seul moyen efficace, c'est la pratique de la patience et de la tolérance.

Méditation

Nous allons méditer silencieusement pendant cinq minutes, en réfléchissant à ce que nous venons de dire.

Questions

Q. — L'autre soir, vous avez dit, je crois, que notre nature était bonne et compatissante.

R. — C'est exact.

Q. — Dans ce cas, d'où vient la haine ?

R. — Cette question nécessiterait de longues heures de discussion. Du point de vue bouddhiste, le plus simple est de répondre que la haine n'a pas de commencement. Si l'on veut pousser cette explication plus loin, les bouddhistes pensent qu'il existe de nombreux niveaux de conscience. La conscience la plus subtile est considérée comme la base des vies antérieures, de la vie présente et des vies futures. Cette conscience subtile est un phénomène transitoire qui résulte d'un certain nombre de causes et de conditions. Les bouddhistes sont arrivés à la conclusion que la conscience ne peut être produite par la matière. En conséquence, la seule alternative possible est qu'il s'agit d'un continuum. C'est sur ce concept qu'est fondée la théorie de la renaissance.

Quand il y a conscience, l'ignorance et la haine surgissent naturellement. Les émotions, qu'elles soient négatives ou positives, sont présentes depuis des temps sans commencement et font partie de notre esprit. Celles qui sont négatives — la haine, la colère, etc. — sont fondées sur l'ignorance, qui ne repose sur rien. Si puissantes soient-elles, elles n'ont aucune raison d'être. En revanche, les états positifs comme la compassion ou la sagesse ont une base solide, puisqu'elles s'appuient sur la raison et la compréhension.

La nature fondamentale de la conscience subtile est neutre. Il est possible de la purifier de toutes les émotions négatives. On appelle cette nature fondamentale « nature de bouddha ». Si la haine et les émotions négatives n'ont pas de commencement, elles ont une fin, alors que la conscience n'a ni commencement ni fin. Nous en sommes certain.

Q. — Comment pouvons-nous décider qu'une situation appelle une réaction forte, et de quel ordre devra-t-elle être ? Pouvez-vous nous dire quels enseignements nous pouvons tirer de vos actions face au génocide des Tibétains ?

R. — L'une des raisons pour lesquelles il faut réagir fortement lorsqu'on vous fait du mal est que, si vous ne réagissez pas ainsi, votre agresseur risque de prendre l'habitude de commettre des actes négatifs qui, à long terme, deviendront destructeurs et causeront sa chute. Vous agissez par compassion, ou par souci du bonheur de l'autre.

En ce qui concerne notre comportement face au gouvernement chinois, nous avons toujours veillé à ne pas nous laisser envahir par les émotions négatives. Même lorsque nous pouvons prévoir que nous allons ressentir une certaine colère, nous nous contrôlons et tentons d'en diminuer l'intensité. Nous essayons aussi d'avoir de la compassion pour les Chinois.

L'une des raisons pour lesquelles il faut avoir de la compassion pour l'auteur d'un crime est que ce dernier crée un certain nombre de causes et de conditions qui exerceront plus tard des effets néfastes sur lui. Ce genre de réflexion inspire notre comportement face aux Chinois. Et vous avez raison : on peut dire que c'est un exemple de la façon dont on peut faire face à la haine et à l'agression. En même temps, nous ne perdons jamais de vue qu'il est important de nous en tenir fermement à nos propres principes, et de prendre les mesures énergiques qui s'imposent.

Q. — Quand j'essaie de contrecarrer la haine des autres, même si je n'éprouve aucune haine moi-même, cela semble souvent attiser la leur. Que dois-je faire ?

R. — Je pense que c'est une très bonne question. Dans ce cas, il faut se décider sur-le-champ, en fonction du contexte. Cela nécessite d'être sensible à la situation. Parfois, le fait de prendre des mesures énergiques, même en n'éprouvant aucune haine soi-même, peut accroître la haine ou la colère de l'autre. Dans ce cas, il vaut peut-être mieux laisser faire et éviter d'agir avec fermeté.

A nous d'évaluer les conséquences de notre réaction. Si l'autre risque de prendre de mauvaises habitudes et de se comporter avec malveillance dans le futur, ce qui serait préjudiciable pour lui à long terme, il faut peut-être agir avec rigueur. Mais si votre réaction ne fait qu'attiser sa colère et sa haine, il est sans doute préférable de ne pas intervenir. Soyez sensibles au contexte.

Ceci rappelle un principe bouddhiste selon lequel il faut, dans l'idéal, avoir le moins d'engagements, d'obligations ou d'activités possible pour soi-même, mais faire tout ce que l'on peut pour le bien de la communauté.

Q. — Pourquoi la colère détruit-elle une telle quantité de mérites, et non un moment de mérite équivalent ? Est-ce parce qu'il faut des ères cosmiques de mérites pour créer ce moment de bonheur, et que la colère ne permet pas d'en jouir ?

R. — Il m'est difficile de vous répondre. Il s'agit sans doute de ce que les bouddhistes appellent un « phénomène extrêmement caché ». En général, lorsqu'il parle de la nature du réel et des objets d'investigation, le bouddhisme classe les phénomènes en trois catégories. La première comprend ce qui est évident pour nos sens. La seconde regroupe ce que nous ne percevons pas mais que nous pouvons comprendre ou connaître par déduction. Par exemple, la nature vide des choses n'est pas évidente, mais grâce à notre faculté d'analyse nous pouvons la déduire. La nature à chaque instant changeante des phénomènes peut également être comprise par inférence. La troisième catégorie comprend ce que nous appelons, en termes techniques, les « phénomènes extrêmement cachés ».

Votre question porte sur un phénomène qui à la fois n'est pas évident et ne peut être compris par la logique ou la déduction. On ne peut l'accepter que sur la foi des textes. Et quand nous parlons de textes, il ne s'agit pas de n'importe lesquels. Ces textes doivent posséder certaines caractéristiques précises.

A ce propos, il est important de comprendre l'attitude des bouddhistes vis-à-vis des écrits et des autorités scripturaires. Il existe, dans la tradition bouddhiste, une école de pensée appelée Vaibashika qui soutient que les livres canoniques sont les enseignements véritables du bouddha Shakyamuni, le bouddha historique, et qu'à ce titre on peut les prendre au pied de la lettre. Il en résulte que les Vaibashikas ne font aucune distinction entre les écrits définitifs qui peuvent être acceptés littéralement et les écrits provisoires qui nécessitent une interprétation. En revanche, les écoles du Grand Véhicule soutiennent qu'il faut établir une distinction entre ces deux catégories.

Une question se pose alors. Comment juger si un texte est définitif et littéralement exact ? Si pour s'en assurer il faut se référer à un autre texte, le processus devra continuer à l'infini, parce qu'un livre renverra à un autre faisant autorité, et ainsi de suite. En fin de compte, l'autorité doit revenir à la raison et à l'intelligence humaines. C'est par le raisonnement et la compréhension qu'on établit la différence entre un écrit définitif et un écrit au sens non littéral, ou sujet à interprétation.

Comment faire lorsque le sujet traité fait partie des phénomènes de la troisième catégorie, ceux qui sont extrêmement cachés ? Comme je l'ai dit, on ne peut se décider que sur la foi des écritures faisant autorité, autrement dit sur la foi des paroles du Bouddha. Au préalable, il faut s'assurer que l'auteur, en l'occurrence le Bouddha, est fiable. Nous le faisons, non pas en nous référant à un autre écrit, mais en analysant les propos du Bouddha lorsqu'il parle de phénomènes que nous pouvons comprendre par le raisonnement : la voie, la nature ultime des phénomènes, etc.

Une fois que l'on a établi la fiabilité de ce que le Bouddha enseigne, on peut être sûr que son enseignement est crédible. Il faut aussi examiner les écrits particuliers qui traitent de phénomènes extrêmement cachés, afin de s'assurer qu'ils ne comportent pas d'inconsistances ou de contradictions internes. On peut alors accepter l'enseignement du Bouddha sur le sujet que l'on aura choisi.

Q. — Comment pouvons-nous enseigner la patience à nos enfants ? Comment devons-nous réagir à leur colère ?

R. — Il n'est pas facile de montrer à un enfant la valeur et l'importance de la patience à l'aide de mots.

Ce qui compte, c'est de leur donner le bon exemple. Si vous-mêmes, vous vous emportez constamment, si vous perdez votre calme à la moindre provocation et que vous essayez de dire à votre enfant : « Tu dois être patient ; la patience, c'est très important », cela n'aura aucun effet.

Quant à savoir comment réagir à la colère d'un enfant, il m'est difficile de répondre. Mais beaucoup de principes généraux exposés dans ce texte pour développer la patience restent applicables dans les circonstances que vous mentionnez.

Q. — Quelles techniques peut-on employer pour dissiper la colère ou la haine, quand elles surgissent en nous ?

R. — Vous devez apprécier la situation et identifier les facteurs qui ont provoqué ces sentiments. Réagissez au problème et gérez-le en fonction de cela. Vous pouvez aussi tenir compte de votre type de pratique dans la vie quotidienne.

Q. — Si aucune forme extrême de patience ne peut être qualifiée de faiblesse, comment un bodhisattva peut-il réagir énergiquement ?

R. — Il semble y avoir un malentendu sur le sens de bodhisattva. Vous ne devez pas penser qu'il s'agit d'un être faible. On peut même dire que les bodhisattvas sont les gens les plus courageux qui soient. Ils sont extrêmement déterminés et fidèles à leurs principes. Dans la vie courante, lorsque quelqu'un ne tolère pas qu'on lui marche sur les pieds ou qu'on le maltraite, lorsqu'il réagit sur-le-champ et ne plie pas, nous jugeons qu'il est courageux et fort, qu'il a du caractère. Que dire alors du bodhisattva qui a fait le vœu ou a pris la ferme décision de combattre les maux qui affectent l'esprit de tous les êtres ? En un sens, son courage est une forme d'arrogance, mais pas dans un sens péjoratif, car il est fondé sur de solides raisons.

Lorsqu'on lit les prières composées par des bodhisattvas, par exemple le chapitre dix de *La Marche vers l'Éveil*, ou « chapitre de l'offrande », on voit que les bodhisattvas font un grand nombre de vœux qui sont irréalisables, mais qui reflètent cette sorte de vision et d'aspiration. Je les considère comme des héros, des gens extrêmement courageux. Je ne considère pas leur attitude comme une faiblesse. Ils sont capables de réactions énergiques quand c'est nécessaire.

Q. — Lorsqu'on dédie le mérite de pratiques passées, est-ce que ce mérite est détruit par une colère ou une haine présentes ?

R. — Si votre offrande est accompagnée de l'esprit d'Éveil, du désir très intense d'atteindre la libération, d'une aspiration altruiste ou de la réalisation de la vacuité des phénomènes, le mérite ne pourra pas être détruit ; il sera, en quelque sorte, protégé.

Dans la voie bouddhiste, l'offrande des mérites est un élément essentiel de la pratique. Lorsque Maitreya, dans *L'Ornement des claires réalisations*, décrit la façon correcte de pratiquer l'offrande, il dit qu'il est très important d'avoir la puissante motivation de l'esprit d'Éveil. Quand vous dédiez des mérites, ce doit être pour le bien de tous les êtres. Pendant l'offrande, vous devez clairement comprendre la vacuité des choses, le fait qu'elles sont semblables à des illusions magiques. Enfin, vous devez « sceller » l'offrande de vos mérites en reconnaissant que l'acte de dédier, l'auteur de l'offrande et son objet sont par nature vides. C'est ce qu'on appelle le « sceau des trois sphères ». Cette pratique permet de protéger les mérites.

Pour que la pratique du Dharma soit puissante et efficace, il ne suffit pas de se concentrer sur un de ses aspects. Il faut que de nombreux éléments complémentaires, comme la sagesse ou l'offrande, soient présents. Cela s'applique particulièrement à la voie du Grand Véhicule.

SECONDE SÉANCE

Il y a généralement deux sortes d'amitié. Il y a celle qui repose sur l'argent, le pouvoir ou la position sociale. Celle-là n'est pas authentique. Les amis restent amis tant que durent les circonstances qui les motivent. Dès que ces circonstances disparaissent, leur amitié commence à s'éroder.

D'autre part, il y a l'amitié fondée sur le sentiment humain et sincère d'être proche de quelqu'un, un sentiment d'union et de partage. J'appelle cette amitié authentique, parce qu'elle n'est pas affectée par les changements de fortune, de pouvoir ou de statut social, et se nourrit d'amour et d'affection réciproques. Sans amour ni affection, il est impossible de maintenir vivante une véritable amitié. C'est une évidence.

(4) *Cadeaux, égards, protection*
N'empêchent pas ceux qui en profitent
De souhaiter la perte du chef
Que sa dureté rend odieux.

(5) *Ses amis même se dégoûtent de lui ;*
Il donne et n'est point servi ;
Bref, il n'est rien par quoi
L'homme irascible puisse être heureux.

(6) *Celui qui, reconnaissant dans la colère*
L'ennemi auteur de tous ses maux,
L'attaque avec énergie, celui-là est heureux
Dans cette vie et les vies futures.

Le sixième quatrain montre la valeur et les bienfaits de la tolérance et de la patience. Plus nous sommes capables de réfléchir aux effets destructeurs de la colère et de la haine et aux effets bénéfiques de la tolérance et de la patience, plus nous reconnaissons ces effets clairement ; et plus la prudence nous pousse à éviter les pensées malveillantes. Nous finissons par éprouver une affinité pour la patience et la tolérance. Et cela, en soi, aura d'importantes répercussions sur notre esprit. Nous développerons notre capacité de patience et de tolérance avec plus d'enthousiasme.

Une fois que nous avons atteint ce haut degré d'enthousiasme, nous devons passer à la pratique elle-même. La technique adoptée ici est d'abord de chercher puis d'analyser les causes et les circonstances qui déclenchent la colère et la haine. Cela correspond à la méthode générale enseignée par le bouddhisme pour résoudre un problème ou une situation difficile.

Le bouddhisme considère que la causalité est une loi naturelle, et que pour gérer une situation, il faut tenir compte de cette loi. Par exemple, si l'on désire qu'un événement de notre vie quotidienne n'ait pas lieu, la meilleure façon est de s'assurer que les causes et les conditions qui provoquent normalement cet événement ne soient pas réunies. Si l'on désire qu'un fait particulier se produise, la méthode logique consiste à réunir les causes et les conditions nécessaires.

Il en va de même pour les états mentaux et les expériences intérieures. Si l'on souhaite vivre une expérience particulière, il faut rechercher les causes qui la suscitent. Si, au contraire, on veut éviter une expérience douloureuse, on doit s'assurer que les causes et les conditions qui la provoquent ne seront jamais plus réunies.

Il est très important de reconnaître le principe de cause à effet. Se contenter de souhaiter ou de prier que notre haine ou notre colère disparaissent n'aura aucun résultat. Et tenter d'y remédier quand elles sont déjà présentes aura très peu de chances de réussir. Notre esprit sera déjà sous l'emprise de ces émotions ; il sera devenu incontrôlable.

La meilleure stratégie consiste donc, avant tout, à identifier les causes.

(7) *Né de la crainte réalisée*
Ou du désir insatisfait,
Le mécontentement est l'aliment de la haine
Qui, fortifiée par lui, me perdra.

L'aliment de la colère et de la haine, c'est le mécontentement, le sentiment irritant d'insatisfaction, l'impression que quelque chose ne va pas. Ce qu'il faut, c'est essayer d'empêcher ce mécontentement ou cette insatisfaction de surgir. D'habitude, ils se manifestent quand nous avons l'impression que nous-mêmes, ou un être cher, un ami proche, sommes menacés ou traités injustement. Ou lorsqu'on nous empêche de réaliser ce que nous voulons. Nous nous sentons alors opprimés, et la colère nous envahit.

On remonte jusqu'à la racine du mal, et on identifie l'enchaînement qui aboutit à l'explosion de colère ou de haine. Le but est d'endiguer le processus à la base, de ne pas attendre que l'émotion éclate. Quand on veut stopper le flot d'une rivière, il est préférable d'intervenir à sa source.

(8) *Donc, je détruirai*
L'aliment de cet ennemi
Qui n'a d'autre rôle
Que de m'assassiner.

Ici, l'« ennemi », c'est l'ennemi interne, l'ultime et véritable ennemi, c'est-à-dire la haine. La haine ne se contente pas de détruire notre paix mentale, elle nous plonge dans le chaos, dans une situation compliquée où nous rencontrons sans cesse des problèmes.

Ces vers nous enseignent que la haine, cet ennemi intérieur, n'a d'autre fonction que de nous nuire et de nous détruire, dans le présent et dans le futur.

Cette haine n'a rien de commun avec un ennemi ordinaire. Quelqu'un que nous considérons comme un ennemi peut éventuellement se livrer à des activités dangereuses pour nous, mais il a aussi d'autres choses à faire : il mange, il dort, il a de nombreuses occupations. Il ne peut donc se consacrer vingt-quatre heures sur vingt-quatre à son projet de nous abattre. La haine, en revanche, n'a pas d'autre fonction, pas d'autre but que de nous détruire. Un homme de bonne volonté pénétré de cette réalité doit être résolu à ne jamais lui laisser la moindre chance de prendre possession de son esprit.

Il est possible qu'en combattant la haine, on se dise : « Elle fait partie intégrante de moi ; comment puis-je m'attaquer à elle ? » Dans ce cas, il est utile de savoir que l'esprit humain n'est pas seulement complexe, il est très habile. Il est capable de trouver différentes manières de gérer une situation difficile et d'adopter toutes sortes de points de vue.

On trouve dans *L'Ornement des claires réalisations* une méditation particulière sur la vérité de la souffrance, la première des Quatre Nobles Vérités [1] dans laquelle notre corps est considéré comme un ennemi avec lequel nous engageons un dialogue. Il existe aussi une méditation sur l'esprit d'Éveil, une pratique servant à développer l'altruisme, au cours de laquelle une discussion a lieu entre un moi représentant l'égoïsme et soi-même en tant que pratiquant. On peut aussi imaginer que la haine et la colère, bien que faisant partie de notre esprit, sont des objets extérieurs que l'on combat.

Dans la vie quotidienne, nous avons souvent l'occasion de nous blâmer. Nous nous disons que nous nous sommes déçus nous-mêmes, et nous sommes furieux. En réalité, il n'y a pas deux moi distincts, mais la continuité d'un même individu qui dialogue avec lui-même. Nous connaissons tous ce phénomène. Il n'y a qu'un seul continuum de conscience, mais nous adoptons deux points de vue. Quand nous nous critiquons en disant : « j'ai mal fait » ou « ce n'était pas bien », le moi qui critique se place du point de vue de la personne tout entière, et le moi critiqué est considéré sous l'angle d'une expérience ou d'un événement par-

1. Quatre Nobles Vérités : la souffrance, l'origine de la souffrance, la cessation de la souffrance et la voie qui mène à la cessation de la souffrance. L'enseignement de ces quatre vérités est la base du premier discours public donné par le bouddha Shakyamuni après son Éveil.

ticulier. Nous voyons donc la possibilité d'avoir une relation en tête à tête avec nous-mêmes.

Il peut être utile, à ce stade, de réfléchir aux divers aspects de notre identité. Prenons l'exemple d'un moine bouddhiste tibétain. Il peut tirer l'impression de sa propre identité du fait qu'il est moine : « Moi, un moine. » Mais il peut aussi considérer son origine ethnique et penser : « Je suis tibétain. » Il peut également concevoir une identité dans laquelle son statut religieux et son origine ethnique ne jouent aucun rôle important et se dire : « Je suis un être humain. » Chacun peut considérer son identité de différents points de vue. Cela montre que nous sommes capables de considérer un même phénomène sous de nombreux angles. Néanmoins, nous sommes en général sélectifs. Nous nous concentrons sur un aspect particulier, et nous adoptons une perspective unique.

> (9) *Que la pire calamité m'atteigne,*
> *Ma joie ne doit pas être troublée ;*
> *Car le mécontentement ne me profite en rien*
> *Et, de plus, il dissipe le mérite acquis.*

L'adepte de la patience doit faire le vœu de ne jamais laisser sa joie être troublée, quoi qu'il arrive. La joie veut dire ici le calme et la stabilité mentale qui sont l'antidote du mécontentement ou du déplaisir. La raison du vœu est que, lorsqu'on est malheureux et mécontent, on est incapable d'accomplir ce que l'on désire. Être malheureux est, en quelque sorte, inutile.

C'est aussi destructeur, car en perdant sa gaieté et son équilibre, on fait naître la haine et la colère et, par conséquent, on crée des situations qui détruisent nos mérites.

(10) *S'il y a un remède,*
A quoi bon le mécontentement ?
S'il n'y a pas de remède,
A quoi bon le mécontentement ?

Voici une autre raison de ne pas nous sentir malheureux. Si une situation ou un problème sont tels qu'on ne peut y remédier, il n'y a pas lieu de se fâcher ou d'en souffrir. Et s'il n'y a rien à y faire, dans quel but s'irriter ou se rendre malheureux ?

Dans le onzième quatrain, Shantideva identifie les facteurs qui provoquent habituellement notre mécontentement et la souffrance mentale.

(11) *Douleur, humiliation,*
Propos blessants ou désagréables,
Tout cela nous le craignons pour nous et ceux que [nous aimons,
Mais non pour notre ennemi, au contraire !

Cette stance fait allusion à ce qu'on appelle les « huit préoccupations mondaines ». En général, nous nous réjouissons quand il nous arrive des événements agréables, et nous sommes malheureux quand les choses tournent mal. Nous sommes heureux quand on nous loue, et malheureux quand on nous insulte ou nous critique. Nous sommes contents lorsque nous réussissons à obtenir les biens matériels que nous désirons, et malheureux quand nous échouons. La célébrité nous réjouit et la mauvaise réputation nous afflige. Nous réagissons de façon identique lorsque ces choses arrivent à nos amis intimes, aux membres de notre famille ou aux gens que nous aimons.

Mais lorsque nos ennemis sont concernés, notre comportement est inverse. Nous sommes mécontents de leur succès et nous nous réjouissons de leur misère. Nous sommes malheureux quand ils deviennent célèbres, et heureux quand ils tombent dans l'oubli. C'est ce que nous faisons habituellement.

Cette réaction signifie que, par nature, nous n'aimons pas souffrir, être malheureux et avoir des problèmes, et que d'instinct nous recherchons la joie, le plaisir et le bonheur. Puisque nos sentiments d'insatisfaction et de mécontentement sont liés à cette tendance naturelle, Shantideva nous fait remarquer que notre attitude envers la souffrance mérite quelques ajustements. Après tout, la souffrance n'est peut-être pas aussi mauvaise que nous le pensons.

Il est important de comprendre la position bouddhiste à l'égard du problème de la souffrance en général. Dans ses discours, le Bouddha a enseigné d'abord les Quatre Nobles Vérités, dont la première est précisément la souffrance. Il insistait beaucoup sur la nécessité de comprendre que l'existence conditionnée est par nature douloureuse. Pourquoi ? Parce qu'il existe une alternative, un moyen, une possibilité de se libérer de cette souffrance. S'il n'y avait aucun espoir, toute réflexion sur ce sujet serait une forme de pensée morbide, négative et inutile.

Shantideva fait appel à notre courage. Pour nous éviter d'intenses souffrances futures, il nous exhorte à prendre une attitude qui nous rendra capables de supporter les souffrances passagères.

> (12) *Le plaisir s'obtient à grand-peine,*
> *La douleur vient sans qu'on la cherche.*

Nous pouvons constater que, dans la vie, de nombreuses choses nous font souffrir, alors que les occasions de joie et de bonheur sont relativement rares. La souffrance fait partie de notre existence ; nous devons passer par elle, que cela nous plaise ou non. Si nous voulons qu'elle torture moins notre esprit, autant adopter une attitude qui nous permette de la supporter. De même que, lorsque nous dormons mal, la nuit nous semble interminable, quand nous ne tolérons pas la souffrance notre existence devient malheureuse.

Si nous sommes élevés dans un milieu privilégié et vivons dans l'opulence matérielle, à l'abri des difficultés, souvent notre esprit se ramollit au point que notre aptitude à tolérer des problèmes devient très faible. Nous sommes incapables de faire face à la moindre difficulté. Mon frère aîné, Lobsang Samten, qui a passé de nombreuses années aux États-Unis, m'a raconté que la vie des citadins dépendait presque entièrement de l'électricité. Si le courant électrique restait coupé pendant longtemps, beaucoup de gens risqueraient de mourir de faim. Les congélateurs, les réfrigérateurs et les cuisinières électriques cesseraient de fonctionner ; les ascenseurs, dont la plupart des immeubles des villes sont équipés, seraient immobilisés, et les habitants des étages supérieurs devraient se préparer à une longue méditation ; en hiver, ils pourraient mourir de froid.

Les deux derniers vers du quatrain disent :

Or, c'est de la douleur que vient le désir de se libérer ;
Sois donc ferme, ô mon âme !

Réfléchir à la souffrance n'est pas seulement important pour les raisons que nous venons d'invoquer. C'est aussi bénéfique, car ce n'est qu'en reconnaissant la nature douloureuse de l'existence que l'on peut éprouver le véritable renoncement, c'est-à-dire le désir sincère de se libérer de ce qui nous entrave.

Le pratiquant bouddhiste devra réfléchir non seulement aux souffrances immédiates et évidentes, mais à la nature douloureuse et insatisfaisante de l'existence elle-même. Aussi longtemps que l'on est sous l'emprise du karma et de l'illusion, on souffre et on demeure insatisfait. Considérons les souffrances évidentes — douleurs, difficultés, blessures, etc. — comme des preuves ou des rappels irréfutables du caractère frustrant de notre vie.

Lorsque je rencontre des amis bouddhistes pratiquants qui se plaignent de leurs souffrances et de leurs problèmes, je leur rappelle en plaisantant qu'ils devraient, en un sens, éprouver de la gratitude, parce que idéalement, en méditant sur la souffrance, on doit pouvoir enrichir son expérience. Puisqu'ils ne le font pas, le corps leur rappelle que la vie n'est pas satisfaisante.

(13) *Les habitants du Carnatic et les adorateurs de [Durga*
S'imposent en vain la souffrance des brûlures et des [lacérations :
Et moi, avec la délivrance pour but,
Comment pourrais-je être lâche ?

Si des êtres sont prêts à supporter douleurs et difficultés pour atteindre des buts qui ne sont pas ultimes, pourquoi ne serais-je pas capable d'accepter un certain nombre d'épreuves, un certain degré de douleur, moi qui aspire à la libération totale de la souffrance ? Beaucoup de textes bouddhistes enseignent que le sage ne renonce pas à un grand dessein pour un objectif mineur ; au contraire, il renonce à un objectif mineur au profit d'un but plus élevé. Selon un proverbe tibétain, « on doit pouvoir abandonner cent pour gagner mille ». Mais nous avons beau savoir que c'est vrai, nous doutons d'en être capables et nous perdons courage.

C'est pourquoi, dans la quatorzième stance, Shantideva déclare qu'il ne faut pas se démoraliser :

par l'accoutumance et l'entraînement continuel, il est toujours possible de rendre un travail, quel qu'il soit, plus facile et plus acceptable.

(14) *Il n'existe rien*
D'irréalisable par l'exercice ;
Donc, en s'habituant à des souffrances légères,
On arrive à en supporter de grandes.

Au moment où nous abordons une activité ou une pratique, nous perdons parfois courage, mais à force d'accoutumance et de détermination, elles finissent par nous paraître plus aisées. Ce n'est pas que l'activité ou la pratique elles-mêmes soient devenues plus faciles, mais elles sont désormais plus proches, plus familières ; par conséquent nous les voyons sous un autre angle.

Dans les trois stances suivantes, Shantideva cite quelques exemples de souffrances auxquelles on peut s'habituer :

(15) *Morsures de serpent, piqûres de guêpe,*
Faim, soif, démangeaisons violentes
Et autres sensations douloureuses,
Ne supporte-t-on pas les souffrances inutiles ?

(16) *Froid, chaud, pluie, vent,*
Fatigue, prison, coups :
S'en inquiéter,
C'est souffrir davantage.

(17) *Il en est qui, voyant couler leur sang,*
Redoublent de vaillance ;
Il en est qui défaillent
A la vue du sang d'un autre.

Shantideva considère deux sortes d'êtres. Les uns, en voyant le sang couler, même s'il s'agit du leur, redoublent de courage et de bravoure. Les autres, devant leur sang ou même celui des autres, s'écroulent inconscients. La différence tient au degré d'accoutumance.

(18) *Cela vient de la fermeté*
Ou de la faiblesse de l'esprit.
Il suffit d'ignorer la douleur
Pour lui résister.

Pour nous résumer, nous venons d'examiner une des méthodes qui permet de combattre le mécontentement, l'insatisfaction et la souffrance mentale, en adoptant une attitude différente face à la souffrance.

Nous détestons souffrir. Pourtant cette révolte — cette intolérance —, souvent très forte, peut perdre de son intensité si nous réfléchissons au caractère douloureux de la vie et si nous prenons conscience qu'en nous accoutumant à la souffrance nous pouvons transformer notre attitude.

Je pense qu'il faut replacer certaines de ces réflexions dans leur contexte. La voie bouddhiste s'inscrit dans un cadre plus ou moins prédéterminé.

On y trouve les Quatre Nobles Vérités, les Deux Vérités [1], mais si l'on veut être complet, il faut aussi parler de la base, de la voie, et de l'état ultime auquel on aspire. Ce contexte est essentiel, et à moins de le connaître, les méthodes dont nous parlons risquent d'être mal comprises et de paraître un peu morbides.

Lorsqu'on lit des textes bouddhistes, il est important de situer ce qui est dit par rapport à d'autres aspects de la voie. Je pense qu'à cet égard la tradition tibétaine est admirable, car elle met toujours l'accent sur la nécessité de combiner l'étude et la pratique.

Méditation

Pendant cette séance de méditation, nous allons nous concentrer sur la nature douloureuse de l'existence, en pensant aux changements qui s'opèrent à chaque instant, au fait que tout se transforme, que rien n'est jamais immobile. Dans la pratique bouddhiste, il est important de voir que la désintégration des choses ne requiert aucune intervention particulière. C'est comme un mécanisme intégré. Cela nous montre que tout est interdépendant. Si nous analysons nos agrégats [2], nous constatons qu'ils sont régis par l'ignorance et l'illusion et que, tant qu'il en sera ainsi, il n'y a pas vraiment de place pour la joie et le bonheur.

1. Voir glossaire.
2. Voir glossaire.

L'ignorance est négative, et tout ce qui est soumis à une force négative ne peut être considéré comme positif, bénéfique ou désirable.

La haine, l'ennemi intime dont nous avons parlé, et l'attachement — ou désir — sont les deux visages de l'ignorance. En termes imagés, l'ignorance ressemble à un président, et l'attachement et la haine sont ses deux principaux ministres. Ensemble, ils constituent les « trois poisons » de l'esprit.

Notre existence demeure sous le pouvoir de ces trois poisons. Elle est nécessairement insatisfaisante. Voilà la raison profonde pour laquelle on souffre ; ce n'est pas simplement parce qu'on est frustré à cause de notre corps ou de nos douleurs. L'essentiel est d'aller jusqu'au fond des choses et de se débarrasser du fauteur de troubles. C'est cela, la méditation sur la souffrance.

Pensez d'abord au changement de chaque instant et à ses causes, puis méditez sur le samsara et ses imperfections. C'est la bonne façon de procéder.

Questions

Q. — La psychothérapie occidentale encourage l'expression de la colère. Existe-t-il une expression appropriée de la colère, par opposition à l'antidote qu'est la patience ? Que diriez-vous aux psychologues et aux conseillers qui, en parlant de la haine et de la colère, préconisent de « tout laisser sortir » ?

R. — A mon avis, il faut comprendre qu'il existe de nombreuses situations différentes. Certains gardent en eux un violent sentiment de haine et de meurtrissure à cause d'un tort qu'on leur a fait autrefois, mais ce sentiment demeure refoulé. Or, comme dit un proverbe tibétain : « Si la conque est malade, guéris-la en soufflant dedans. » En d'autres termes, si une conque est bouchée, soufflez dedans et elle se débouchera. On peut imaginer que dans certaines situations il soit préférable de laisser jaillir sa colère et sa haine en les exprimant.

Mais en règle générale, la colère et la haine sont des émotions qui, si on les laisse sans surveillance ni contrôle, ont tendance à croître et à empirer. Plus on s'en occupe, plus on s'en méfie, plus on essaie de réduire leur pouvoir, et mieux cela vaut.

Q. — La haine et la colère sont-elles liées à l'attachement, non seulement aux choses, mais aussi aux principes, aux idéologies, et particulièrement à la perception du moi en tant qu'entité permanente ?

R. — C'est très juste. La haine et la colère prennent leur source, en fin de compte, dans le sentiment d'un moi solide et permanent. Généralement, quand nous parlons de l'attachement à la notion de moi ou d'ego, il faut en distinguer deux types. Le premier est une attitude égocentrique : on estime que son intérêt personnel est le seul qui soit digne d'être envisagé, et l'on oublie les besoins et les sentiments des autres, ou du moins on y est indifférent. Le deuxième type d'attachement consiste à croire en un moi durable, permanent et concret. Au départ, ces deux attitudes égocentriques sont complémentaires et se renforcent mutuellement. Dans notre esprit, elles sont inextricablement liées.

Mais si l'on met l'accent sur la pratique de l'esprit d'Éveil, sur le souhait altruiste d'atteindre la bouddhéité pour le bien de tous, et que l'on gâche ce potentiel en ne s'attachant pas à comprendre la nature ultime des choses, il est possible que cette nature demeure inaccessible à notre intellect. Dans ce cas, l'attitude égocentrique caractérisée par des pensées égoïstes et par l'indifférence au bien-être et aux sentiments des autres diminuera peut-être, mais la croyance en un moi durable ou permanent pourra subsister. De même, si l'on privilégie la pratique de la vacuité sans se soucier de cet autre aspect de la voie bouddhiste qu'est l'esprit d'Éveil, il est possible que la croyance en un moi permanent et concret diminue, mais que l'attitude égocentrique perdure. A un niveau supérieur de pratique, on peut donc établir une distinction entre ces deux types d'attachement à l'ego.

C'est pourquoi il est important, lorsqu'on veut cheminer vers la perfection spirituelle, de choisir une voie alliant la bonne méthode à la sagesse, les moyens adéquats à la vision pénétrante.

Je pense que cette question est également liée au point de vue bouddhiste fondamental suivant :

puisque la haine et l'attachement prennent en fin de compte leur source dans l'ignorance, dans une conception fausse de la réalité, les remèdes spécifiques à la haine, à la colère et à l'attachement sont d'une portée limitée. En revanche, le remède à l'ignorance et aux conceptions fausses a une action plus large, puisqu'il guérit à la fois l'ignorance et la haine et l'attachement qui en découlent.

Il ne faut pas oublier que, dans le bouddhisme, on distingue plusieurs notions de moi, et que certaines doivent être non seulement cultivées, mais renforcées. Par exemple, si l'on veut cultiver la détermination inébranlable d'atteindre la bouddhéité pour le bien de tous les êtres, on doit avoir une grande confiance en soi, fondée sur le courage et le sens de la responsabilité. Or, ce n'est pas possible sans un fort sentiment d'identité. La doctrine de la nature de bouddha, de son côté, nous donne énormément de courage et de confiance, car elle montre que ce potentiel présent en nous rend possible la perfection que nous recherchons.

Il existe une autre notion du moi, fondée sur la croyance en une entité permanente, solide et indivisible, quelque chose d'objectif et de très concret. C'est une notion fausse, dont nous devons nous débarrasser. Elle peut prendre différentes formes grossières liées à la conviction naïve qu'il existe quelque chose d'éternel, d'inchangeable, et, plus profondément, une entité qui aurait une réalité en soi et un statut indépendant et unique. Ce sont là des notions erronées.

La tendance à faire peu de cas du bien-être des autres, de leurs sentiments et de leurs droits, relève d'une autre forme erronée de croyance au moi, qu'il faut vaincre et rejeter.

Nous devons donc faire preuve de beaucoup de discernement quand nous employons les mots « ego » et « moi » dans le contexte bouddhiste. Évitons d'avoir des idées tranchées.

Q. — Quel est le rôle des déités courroucées ?

R. — Ce n'est pas facile à expliquer. Je pense que l'idée de base est que les émotions humaines telles que la colère sont caractérisées par une sorte d'énergie qui nous rend capables de passer immédiatement à l'acte. C'est une force motivante. Les pratiques qui font appel aux déités courroucées doivent être considérées sous cet angle-là.

Il faut bien comprendre, aussi, la position fondamentale du bouddhisme à l'égard des émotions dites négatives. Pour les écoles autres que le Grand Véhicule, le but ultime est la libération du samsara pour soi-même ; on ne mentionne pas l'importance de l'esprit d'Éveil. Quant aux actes négatifs du corps, de la parole et de l'esprit, ils doivent être abandonnés. Aucune exception n'est permise. Il faut y renoncer, c'est tout.

Dans le Grand Véhicule, comme le but premier du pratiquant bodhisattva est de servir les autres, certaines exceptions sont permises en ce qui concerne les actes négatifs du corps et de la parole. En revanche, les actes négatifs de l'esprit ne sont jamais autorisés, même à titre exceptionnel, car ils ne peuvent en aucun cas devenir bénéfiques. Quand une situation peut être bénéfique à la communauté ou à un grand nombre d'êtres, le pratiquant du Grand Véhicule peut utiliser l'attachement, pas vraiment comme une pratique de la voie, mais comme un complément, pour réaliser son but altruiste. Néanmoins, le bodhisattva ne doit pas éprouver de colère ou de haine.

Le bouddhisme tantrique, quant à lui, enseigne des techniques extraordinaires de méditation sur la vacuité [1]. Ces techniques font appel au yoga des déités, une méthode consistant à dissoudre les perceptions et les croyances ordinaires et à s'assimiler à une entité divine et parfaite. Sur cette base-là, l'utilisation exceptionnelle de la colère comme voie est permise. Tel est le contexte dans lequel les méditations tantriques sur les déités courroucées sont pratiquées. Il est évident que lorsqu'on se sert de l'énergie de la colère au profit des autres, il est plus facile de visualiser des déités courroucées que des déités paisibles.

Q. — S'il n'y a pas d'âme, quelle est la nature du courant de conscience qui se réincarne de vie en vie ? Comment une telle conscience peut-elle devenir une entité séparée ?

R. — Là encore, cela dépend beaucoup de la signi-

1. Vacuité (sanskrit : *shunyata*) : la nature ultime des phénomènes, le fait qu'ils n'ont pas de réalité en soi, mais doivent leur existence à un concours de causes et de conditions.

fication que l'on donne au mot « âme ». Si on la conçoit comme la continuité d'un individu d'un instant à un autre, de vie en vie, on peut dire que le bouddhisme accepte la notion d'âme. A partir de là, le débat sur l'existence ou l'inexistence de l'âme devient uniquement sémantique. Il faut comprendre que lorsque le bouddhisme parle d'absence de moi ou d'âme, ce qu'il réfute, c'est l'idée d'un moi éternel, immuable et permanent qu'on appellerait « âme ».

En revanche, le bouddhisme ne nie pas le continuum de la conscience. C'est pourquoi certains érudits tibétains, tel Rendawa, un maître de l'école Shakya, admettent l'existence d'un moi ou d'une âme (tibétain : *gang zag gi bdag*). Ce même terme de *gang zag gi bdag* (le moi, la personne, le moi ou l'entité individuelle) est cependant réfuté par de nombreux autres érudits.

On trouve un grand nombre d'opinions, même chez les bouddhistes savants, sur la nature exacte du moi, sur cette entité qui se perpétue d'une vie à l'autre. Certains tentent de la localiser dans les agrégats, les constituants psychosomatiques de notre être ; d'autres disent que c'est une simple désignation s'appuyant sur ces agrégats, et ainsi de suite.

Dans la tradition du Grand Véhicule, il existe une école particulière appelée Chittamatra [1] ou Yogachara,

1. Chittamatra (école), littéralement : « esprit seul ». L'une des quatre grandes écoles bouddhistes du Grand Véhicule en Inde, fondée par Asanga au IVe siècle. Selon cette école, les phénomènes ne sont que des projections de l'esprit.

l'école de l'« esprit seul ». L'une des branches de cette école soutient qu'il existe un continuum particulier de la conscience appelé *alayavijnana*, et que ce continuum est la conscience primordiale. Elle justifie cette thèse en disant que s'il existe un courant de conscience se perpétuant de vie en vie, qu'on l'appelle « moi », « soi » ou autrement, lorsqu'on cherche ce qui se cache réellement derrière ces désignations, on doit pouvoir trouver quelque chose. Car si l'on ne trouve rien, on tombe dans le nihilisme. D'autre part, si on postule l'existence d'un moi ou d'un agent indépendant du corps et de l'esprit, on tombe dans l'autre point de vue extrême qu'est l'éternalisme. En outre, si on doit identifier le moi ou la personne au sein même du courant de conscience, on rencontre un problème, car le bouddhisme admet certains états d'existence dépourvus de conscience. Dès lors, il y aurait des êtres dans l'esprit desquels il n'y aurait ni pensée ni conscience.

Si les Chittamatrins éprouvent la nécessité d'avoir recours à l'*alayavijnana*, c'est aussi parce que lorsqu'on tente d'expliquer le concept du moi en n'envisageant que les six formes de conscience et les cinq facultés sensorielles, cela pose les mêmes problèmes. Par exemple, au stade de l'absence de pensée, il n'y a pas de conscience. Par conséquent, il ne devrait pas y avoir non plus de personne. De même, on admet qu'il existe un état de réalisation intuitive, directe, de la vacuité, dans lequel la conscience demeure parfaitement inaltérée, pure, exempte de toute souillure. A cet instant précis, même si l'on n'a pas atteint l'Éveil parfait, la conscience est dite « non polluée ». Cependant, il faut bien admettre qu'une certaine forme de pollution, c'est-à-dire d'empreintes, de dispositions ou autres, empêche d'atteindre l'Éveil total. C'est pour cette raison supplémentaire que les Chittamatrins éprouvent le besoin de postuler cette conscience de base, définie comme une conscience indéterminée qui ne sert, en quelque sorte, que de dépôt aux diverses empreintes laissées dans notre esprit.

Q. — Les conséquences de la colère et de la haine se traduisent dans la société par des meurtres commis de sang-froid par des individus de plus en plus jeunes. Quel doit être le rôle de la société ? Comment doit-elle réagir aux effets de la colère et de la haine ?

R. — Comme je l'ai souligné au cours de la conférence de presse d'hier, je pense que ce fait a été longtemps négligé. Pendant des dizaines d'années, nous avons trop peu prêté attention à l'importance de certaines valeurs humaines fondamentales. Cette négligence, combinée à d'autres facteurs, nous a conduits au type de société dans laquelle nous vivons actuellement. Il est donc très difficile de trouver des remèdes simples. Ce problème nécessite un effort concerté, et doit être abordé sous de nombreux angles. L'éducation joue sans aucun doute un rôle majeur. La façon dont nous éduquons les enfants est très importante. Le comportement des enseignants aussi. Le devoir d'un professeur n'est pas seulement de fournir des informations ou des connaissances, il est aussi de montrer l'exemple en appliquant les principes qu'il s'efforce d'enseigner. Les adultes doivent être des modèles. Les enfants prendront alors à cœur les principes et les valeurs qu'on leur inculque. Évidemment, les médias ont aussi leur rôle à jouer.

Q. — Que peut-on faire pour réduire le pouvoir de l'avidité ?

R. — Sans l'avidité, on ne renaîtrait pas. Pour se réincarner, il faut être mû par le désir d'une nouvelle existence. Mais, comme dans le cas de la colère, je pense qu'il y a différentes formes d'avidité. Certaines sont positives, d'autres négatives. L'avidité est une forme du désir, mais une forme exacerbée, fondée sur un espoir excessif.

Le véritable antidote de l'avidité est le contentement. Le pratiquant du bouddhisme dispose également d'autres moyens. Il peut comprendre qu'il est utile de chercher la libération de la souffrance, il peut reconnaître le caractère insatisfaisant de l'existence, etc. Mais si l'on veut trouver une parade immédiate à l'avidité, il faut réfléchir à ses excès, à ses effets négatifs, à ses conséquences à long terme. L'avidité mène à la frustration, à la déception, à la confusion et à une foule d'autres problèmes.

La particularité de l'avidité est qu'elle naît du désir

d'obtenir quelque chose, mais n'est pas comblée par la réalisation de ce désir. Elle n'a pas de fin, et cela entraîne toutes sortes de difficultés. Si l'on est satisfait de ce que l'on a, peu importe que l'on obtienne ou non ce que l'on désire, on est heureux.

Q. — Quel lien existe-t-il entre la patience et la vigilance, et entre la patience et l'humilité ?

R. — En règle générale, lorsqu'on s'engage dans une pratique spirituelle, quelle qu'elle soit, on doit prendre l'habitude d'être vigilant. La vigilance est définie comme ce qui permet de maintenir son attention sur l'objet qu'on observe. Quand on effectue une pratique, on ne doit pas se laisser distraire. La vigilance est indispensable.

Il existe un lien étroit entre l'humilité et la patience. Pour moi, la véritable humilité consiste à ne pas riposter, alors qu'on en a le pouvoir. On pourrait, si on le voulait, adopter une attitude plus agressive, mais on décide de s'en abstenir. C'est ce que j'appelle l'humilité authentique. Lorsqu'on se sent impuissant ou incapable devant une situation, ce n'est pas à mon avis de l'humilité : on n'a pas d'autre choix que de laisser faire.

Cette distinction s'applique à la patience ou à la tolérance. En général, la tolérance exige une autodiscipline. On est conscient que l'on peut agir autrement et avoir un comportement plus agressif, mais on décide de ne pas le faire, sans que personne ne nous y oblige. Si on y est forcé, il s'agit davantage de résignation que de tolérance. Notre tolérance à l'égard des Chinois en est un exemple. Personne ne peut la mettre en doute. Encore une fois, il faut établir la distinction.

Deuxième jour

PREMIÈRE SÉANCE

Dans le *Soûtra du Pratimoksha*, qui traite de l'éthique et de la discipline monastique, le Bouddha déclare qu'on doit toujours éviter les actes négatifs et accomplir des actes positifs. Pour cela, il est nécessaire de discipliner son esprit. Cette discipline opère une transformation intérieure. Elle constitue en fait l'essence de l'enseignement du Bouddha. En bref, un acte est sain ou malsain selon qu'il émane d'un esprit discipliné ou indiscipliné [1].

D'autres textes affirment également que si l'on a discipliné, contrôlé ou pacifié son esprit, on trouve la joie et le bonheur ; dans le cas contraire, on récolte le mécontentement et la souffrance. Ce qui compte, en dernier ressort, c'est l'état de notre esprit.

Il est généralement possible de montrer la voie spi-

1. Discipliner l'esprit, dans le sens bouddhiste, veut dire dompter les pensées et les sentiments négatifs (haine, colère, jalousie, etc.) et adopter une attitude positive à l'égard des autres. Dans les textes, « discipliner » est parfois remplacé par « pacifier ».

rituelle que l'on suit en portant des vêtements particuliers, en installant un autel chez soi, en pratiquant des récitations, des psalmodies et autres signes extérieurs de culte. Mais ces ornements sont secondaires par rapport au véritable comportement religieux ou spirituel, car n'importe qui, même celui dont l'état d'esprit est foncièrement négatif, peut en faire étalage. En revanche, les vertus mentales, intérieures, sont les fortes qualités spirituelles, les vrais signes du Dharma, car elles ne peuvent à aucun moment coexister avec un sentiment malveillant ou une attitude négative.

La vie religieuse consiste, par essence, à s'entraîner intérieurement à discipliner son esprit. On reconnaît que quelqu'un mène une vie spirituelle authentique à la façon dont il a dompté son esprit.

La méthode fondamentale employée dans la voie bouddhiste pour aboutir à cette transformation intérieure est la combinaison des moyens adéquats et de la sagesse. Prenons, par exemple, le texte que nous sommes en train de commenter, *La Marche vers l'Éveil*, de Shantideva. Le chapitre neuf traite de l'aspect « sagesse » de la voie, c'est-à-dire de l'acquisition de la vision pénétrante, et les autres chapitres exposent la « méthode », c'est-à-dire les moyens habiles.

Dans le Grand Véhicule, la pratique principale des moyens habiles consiste à cultiver l'amour et la compassion. Or, pour développer l'amour et la compassion, on doit pouvoir vaincre ce qui fait échec à ces deux sentiments. C'est pourquoi, comme dans le bouddhisme du Grand Véhicule en général, où méthode et sagesse se complètent et se renforcent mutuellement, la pratique de la tolérance et de la patience est indispensable au bodhisattva.

Venons-en maintenant aux deux quatrains suivants :

(19) *La douleur ne trouble pas*
La sérénité du sage,
Car il se bat contre les passions,
Et la guerre ne va pas sans douleur.

(20) *Ceux qui se battent contre l'ennemi Haine*
En dépit de la douleur,
Ceux-là sont des vainqueurs héroïques ;
Les autres ne sont que des tueurs de morts.

Quand on pratique la patience et la tolérance, en réalité on livre bataille à la haine et à la colère. Or, dans un combat, on cherche certes à vaincre, mais on doit être prêt à une possible défaite. Nous ne devons pas perdre de vue que nous risquons de rencontrer un certain nombre de problèmes et d'épreuves, et que nous devrons avoir le courage de les supporter. Celui qui sort victorieux du combat contre la haine et la colère en traversant de telles difficultés est un héros. En revanche, celui qui, par colère et par haine, se bat contre d'autres humains n'en est pas un, même s'il est vainqueur. Il ne fait qu'assassiner des cadavres puisque, de toute façon, les humains sont éphémères et mourront un jour ou l'autre. Le véritable héros est celui qui vainc la colère et la haine.

Vous pensez peut-être : « C'est entendu, il faut

combattre la colère et la haine, mais quelle garantie, quelle certitude avons-nous de les vaincre ? » Je pense que c'est une question essentielle. Nous devons être sûrs que si nous poursuivons sans faiblir notre but, nous parviendrons à vaincre.

Pour peu qu'on y prête suffisamment attention, ces émotions et ces pensées négatives sont assez faciles à reconnaître. En tibétain, on les appelle *nyon mongs*, littéralement « ce qui afflige l'esprit ». Parfois, on traduit ce terme par « confusion ». L'étymologie tibétaine évoque un double aspect : à la fois émotionnel et cognitif. Ces « émotions » nous affligent, brisent notre sérénité et troublent notre esprit. Si nous les observons attentivement, nous nous rendons compte de leur caractère négatif dès le moment où elles surgissent : elles ont tendance à détruire notre paix intérieure et notre vigilance. Mais il est difficile de voir si on peut les vaincre et les éliminer en appliquant le remède approprié. Ce problème est lié à une autre question importante : est-il possible d'atteindre le nirvana [1], la libération du samsara ? Il n'est pas facile d'y répondre.

On trouve les premiers commentaires sur le concept bouddhiste de nirvana dans les textes appartenant au premier cycle d'enseignements du Bouddha sur les Quatre Nobles Vérités. Mais on ne peut en saisir pleinement la signification que si l'on comprend aussi les deuxième et troisième cycles.

1. Nirvana (sanskrit), littéralement : « au-delà de la souffrance ». La cessation permanente de la souffrance et de ses causes. Il y a plusieurs interprétations de ce terme selon les différents Véhicules.

Quelles sont les raisons de croire que les émotions négatives peuvent finalement être éliminées de notre esprit ? Le bouddhisme en avance trois. Premièrement, tous les états d'esprit dus à l'illusion, toutes les pensées et les émotions négatives, sont essentiellement liés à un mode de perception distordu, alors que ce n'est pas le cas de leurs contraires — l'amour, la compassion, la vision pénétrante, etc. — qui s'appuient sur notre expérience et sur la réalité.

Deuxièmement, les antidotes aux émotions négatives ont pour caractéristique d'être renforcés par la pratique et l'entraînement. On peut, par l'accoutumance répétée, augmenter à l'infini leur puissance, ce qui réduit d'autant l'influence et les effets des états mentaux créés par l'illusion.

La troisième raison, c'est la pureté essentielle de la nature de l'esprit, appelée « claire lumière » ou « nature de bouddha ».

A cause de ces trois raisons, le bouddhisme estime que les illusions, les émotions et les pensées négatives peuvent, en fin de compte, être éliminées par la méditation et d'autres pratiques.

Certains de ces points sont relativement évidents. Si on leur accorde suffisamment d'attention, ils deviennent clairs. D'autres peuvent demeurer obscurs, ou cachés. Mais par l'analyse et l'investigation, on parvient malgré tout à des déductions convaincantes, sans devoir faire appel à l'autorité des textes.

Pour ce qui est des phénomènes cachés, l'une des raisons de considérer les paroles du Bouddha comme dignes de foi est que ses enseignements sur des sujets plus faciles à comprendre s'avèrent fiables. La préoccupation majeure du chercheur bouddhiste étant de savoir s'il est possible de se libérer de la souffrance, les enseignements de Bouddha ont fait leurs preuves à cet égard.

(21) *La douleur est un grand bienfait :*
C'est un ébranlement qui provoque la chute de l'arrogance,
La compassion envers les êtres,
La crainte des actes nuisibles, l'amour de la vertu.

Shantideva énumère ici les bienfaits de la réflexion sur la souffrance. Lorsque nous pensons à la souffrance, à la nôtre en particulier, et que nous prenons conscience du caractère insatisfaisant de la vie, nous perdons automatiquement notre arrogance et notre suffisance. Nous devenons plus sensibles aux souffrances des autres, plus compatissants. Nous sommes davantage déterminés à éviter les actes négatifs aux conséquences douloureuses, et nous pratiquons avec plus d'enthousiasme les actes positifs qui engendrent joie et bonheur. Tels sont les bienfaits ou les mérites de la réflexion sur la souffrance.

Comme pour les autres méthodes, il est important de pratiquer cette réflexion avec habileté, en évitant tout comportement extrême. Si vous êtes très imbus de votre personne, pleins d'arrogance en raison de vos réussites ou de vos qualités, réelles ou illusoires, le bon remède est de penser à la souffrance, à vos problèmes et au caractère insatisfaisant de la vie. Cela vous aidera à abaisser de quelques degrés la haute opinion que vous avez de vous-mêmes et vous remettra, en quelque sorte, les pieds sur terre.

Mais si vous pensez au caractère frustrant de la vie et à la douleur jusqu'à l'accablement, vous risquez de tomber dans l'autre extrême : vous vous découragerez, vous baisserez les bras, vous vous sentirez bons à rien. Dans ce cas, il est important de chasser votre découragement et votre défaitisme en reprenant confiance en vous et en pensant à vos réussites, aux progrès que vous avez déjà accomplis et à vos qualités positives. Vous devez être habiles et adopter une attitude équilibrée.

Lorsqu'on plante un arbuste, au début il faut s'en occuper avec tact et douceur. Trop d'humidité ou de soleil peuvent le faire mourir. Pour pousser correctement, il a besoin d'un environnement équilibré. Il en va de même lorsqu'on se développe, aussi bien sur le plan émotionnel qu'intellectuel : on a besoin de procéder avec douceur et délicatesse, pour ne pas tomber dans des attitudes extrêmes.

Évitons d'extraire un passage d'un texte bouddhiste et de l'utiliser pour porter un jugement sans nuance sur le reste. Ne pensons pas : « La méthode bouddhiste, c'est ça », comme si une technique particulière pouvait s'appliquer à tout, sans distinction.

La véritable pratique du Dharma fonctionne un peu comme un stabilisateur électrique qui assure un courant continu lorsque la puissance varie.

(22) *Je ne m'irrite pas contre la bile ni les autres*
[humeurs,
Bien qu'elles soient cause de grandes souffrances ;
Pourquoi m'irriter contre des êtres conscients ?
Eux aussi sont irrités par des causes.

(23) *De même que ces souffrances sont produites*
Par les humeurs sans être voulues,
De même, l'irritation de l'être conscient
Naît par force et sans être voulue.

(24) *L'homme ne s'irrite pas à son gré en pensant :*
« Je vais me mettre en colère »,
Pas plus que la colère ne naît
Après avoir projeté de naître.

Ces vers nous montrent comment on peut devenir patient et tolérant en comprenant la complexité d'une situation. Nous estimons peut-être avoir le droit de ne pas tolérer ceux qui nous font souffrir ou nous humilient. Nous pensons que notre colère ou notre haine sont justifiées. Mais Shantideva nous fait remarquer que si nous examinons les choses avec soin, nous verrons que les responsables de notre douleur ou de notre meurtrissure sont aussi bien de nature animée qu'inanimée. Pourquoi incriminer les uns et pas les autres, pourquoi accuser une personne, alors que nous épargnons les circonstances qui l'ont conduite à nous faire souffrir ? Pourquoi n'en voulons-nous pas aux maladies qui nous torturent ?

On peut rétorquer que cela n'a rien à voir, car les

causes inanimées n'ont aucune intention de nuire. Shantideva répond à cela que lorsque quelqu'un nous fait du mal, en un sens il ne le fait pas exprès non plus. Il y est contraint par des forces extérieures : les émotions négatives, les illusions, les pensées malsaines, etc. En cherchant davantage, on s'aperçoit que même les sentiments négatifs comme la malveillance ou la haine résultent du concours involontaire d'un grand nombre de facteurs.

Les quatrains suivants résument la pensée de Shantideva :

(25) *Mais toutes les fautes,*
Tous les actes nuisibles,
Se produisent par la force de causes :
Il n'en est point qui soient spontanés.

(26) *La réunion des causes*
Ne pense pas qu'elle engendre,
Et l'effet ne pense pas
Qu'il est engendré.

Il s'agit d'un enchaînement de causes. Rien n'est indépendant ; rien ne se produit de sa propre initiative.

(27) *Ce principe même qui est postulé*
Sous le nom de matière primitive,
Ou imaginé sous le nom de « moi » (atman)
Ne naît pas après avoir pensé : « je nais ».

Shantideva réfute certaines théories soutenues par les écoles non bouddhistes de son époque, notamment les deux principales : Samkhya et Naiyayika. Il veut nous montrer qu'aucun phénomène ne se produit par lui-même, que rien n'existe indépendamment d'autres choses. Mais pour que son argumentation soit complète, il doit anticiper les points de vue opposés, ceux qui affirment que certaines choses ou certains événements existent en soi. Il cite d'abord la théorie de l'école Samkhya, selon laquelle il existe un substrat originel, d'où surgit l'ensemble du monde phénoménal. Cette substance créatrice, appelée *prakriti* est indépendante, éternelle et absolue. Il mentionne aussi le point de vue de l'école Naiyayika, qui soutient que le moi possède ces mêmes caractéristiques.

(28) *Car avant d'être né, il n'existe pas :*
Comment désirerait-il être ?
Si l'atman, éternel, est en contact avec un objet,
Comment pourrait-il cesser de l'être [1] *?*

1. Ceci fait référence à la théorie du *purusha* selon l'école Samkhya. Si le moi est permanent et inchangeable, il est logique que son appréhension d'un objet soit permanente, elle aussi. Une succession de perceptions différentes serait impossible. Ainsi, le moi d'un autre être ne peut *devenir* hostile à notre égard. S'il est hostile à présent, il doit l'être depuis toujours, et il le sera à jamais — ce qui est absurde. Notons que le terme « permanent » (tibétain : *rtag pa*) ne veut pas dire ici éternellement existant. Il peut s'appliquer à une entité qui surgit puis disparaît. Il veut simplement dire que, tant qu'elle existe, cette entité demeure statique et immuable. (Note extraite de *La Marche vers l'Éveil*, version revue.)

(29) *S'il est éternel, inconscient et infini comme [l'espace,*
Il est évidemment inactif ;
Même en contact avec d'autres causes,
Comment ce qui est immuable pourrait-il agir ?

(30) *S'il demeure inchangé quand il est sujet à [l'action,*
Quelle différence l'action produit-elle ?
Si on dit qu'il y a action,
Quel rapport existe-t-il entre l'atman et l'action ?

Shantideva réfute ces vues philosophiques en s'appuyant sur la doctrine bouddhiste de la causalité universelle. Si la substance originelle ou le moi sont permanents et éternels, comment expliquer leur interaction avec le monde phénoménal ? Quelle serait la nature de leur relation ? Comment expliquer la causalité sur la base d'une relation entre le monde phénoménal et une substance ou un moi éternels ? Si le moi ou la substance originelle sont permanents, immuables, comment peuvent-ils produire quoi que ce soit ? Pour avoir la capacité de produire quelque chose, ils doivent eux-mêmes être produits, dépendre d'autres causes et d'autres facteurs. Si ce n'est pas le cas, ils ne peuvent rien produire du tout. Shantideva conclut ainsi :

(31) *Ainsi, tout dépend d'une cause ;*
Et cette cause aussi est dépendante.
Contre des automates pareils à des créations magi-
[ques,
A quoi bon s'irriter ?

Ces créations magiques sont des illusions produites par un magicien, qui n'ont aucune existence en soi et dépendent du caprice de leur créateur. De façon analogue, les phénomènes résultent de causes et de conditions extérieures. Ils n'existent pas par eux-mêmes, de leur propre gré. Ils n'ont, pour ainsi dire, pas le choix. Il est donc impropre de s'emporter contre eux.

Il est important de bien comprendre la doctrine bouddhiste de la causalité universelle ; je veux dire qu'il faut saisir ses traits fondamentaux. Ces derniers sont expliqués clairement dans le texte d'Asanga intitulé *Compendium de la connaissance*. On y lit que la doctrine bouddhiste de la causalité possède trois caractéristiques principales. Pour commencer, elle réfute l'idée d'un créateur autonome. La notion d'intention créatrice n'existe pas non plus, car, comme le dit le Bouddha, c'est parce que les causes sont réunies que les effets surviennent. On ne peut parler que de production conditionnée. Dans un soûtra, le Bouddha déclare : « Parce que ceci est produit, cela surgit. »

Deuxièmement, cette doctrine affirme que ce qui est cause doit nécessairement être de nature éphémère. Car si une cause est permanente, éternelle et immuable, elle n'a pas la possibilité de produire quoi que ce soit.

Troisièmement, il doit exister une correspondance, une relation unique entre la cause et l'effet.

Lorsqu'il analyse ce principe de causalité plus en détail, le bouddhisme distingue deux grands types de causes. Il y a la cause « substantielle », l'origine première de l'effet, et il y a les causes auxiliaires, qui ne jouent pas le rôle principal, mais contribuent à produire l'effet. Si l'on prend l'exemple d'un bourgeon qui pousse, les causes contributives sont l'eau, la chaleur, les agents fertilisants, etc. Les points de vue exposés ici sont ceux du bouddhisme du Grand Véhicule et, en particulier, de l'école Prasangika Madhyamika. Shantideva, quant à lui, partage le point de vue de Chandrakirti sur la vacuité. Ces deux auteurs interprètent de façon identique la philosophie de Nagarjuna et adhèrent aux points de vue philosophiques de l'école Prasangika Madhyamika. Lorsqu'on dit que tous les phénomènes sont comme des apparitions ou des illusions magiques, c'est dans cette optique qu'il faut le comprendre.

Une question se pose alors. Si toutes choses sont semblables à une apparition, pourquoi les prenons-nous au sérieux ? Pourquoi sommes-nous affectés à ce point ? Shantideva répond qu'en dépit du fait que les phénomènes, y compris celui qui les perçoit, sont illusoires, notre propre expérience nous envoie un message clair : la douleur et la souffrance sont indéniables. Comme dans un rêve, un sujet, aussi irréel qu'une apparition, peut ressentir une souffrance tout aussi illusoire. Mais on ne peut pas ignorer cette souffrance parce que notre expérience nous dit qu'elle existe. On peut se rendre compte qu'en comprenant la nature trompeuse des choses, on est mieux à même de faire face aux difficultés. C'est ce que précisent les quatrains suivants.

(32) *Mais, dira-t-on, la résistance à la colère non plus [n'est pas possible :*
Qui résisterait, et à quoi ?
Si, elle est possible ! Puisqu'il y a enchaînement des [causes,
Il y a possibilité d'abolir la douleur.

(33) *Donc, si l'on voit un ami ou un ennemi*
Tenir une conduite répréhensible, il faut se dire :
« Ce sont ses antécédents qui agissent »,
Et garder sa sérénité.

Pour ce qui est de la philosophie de la vacuité, elle est exposée en détail au chapitre neuf du livre de Shantideva.

Méditation

Nous allons méditer en pratiquant un peu de visualisation. Imaginez qu'une personne que vous connaissez très bien, ou qui vous est chère, perde son calme, au cours d'une relation conflictuelle par exemple. Elle manifeste tous les signes d'une colère ou d'une haine intenses, est incapable de se ressaisir et envoie autour d'elle des vibrations négatives. Elle va même jusqu'à se faire du mal et casser ce qui est autour d'elle. Réfléchissez aux effets immédiats d'une colère ou d'une haine intenses. Si je vous demande d'imaginer quelqu'un d'autre plutôt que vous-mêmes, c'est parce qu'il est plus facile, à mon avis, de voir les fautes d'autrui que les siennes. Visualisez ce que je vous ai dit et imaginez que cette personne se transforme, même physiquement. Cet être qui vous est proche, que vous aimez, dont la seule vue vous rendait heureux auparavant, est devenu affreux.

Ce type de méditation est qualifié d'analytique. Analysez la situation pendant quelques minutes, en utilisant votre faculté d'imagination. A la fin, tirez-en des conclusions pour vous-mêmes et prenez la résolution suivante : « Je ne me laisserai jamais envahir par une colère ou une haine aussi violentes ! Si je le faisais, je me retrouverais dans la même situation que cette personne, et j'en subirais les conséquences. Je perdrais ma sérénité et mon sang-froid, je prendrais cette apparence horrible, etc. » Puis restez en méditation non conceptuelle sur cette conclusion.

La première étape est une méditation analytique, et la seconde une méditation sans concept.

Si vous parvenez à méditer ainsi en utilisant votre imagination, vous disposerez d'un outil puissant. Dans la vie de tous les jours, nous sommes témoins de nombreux événements et nous voyons de nombreux films, au cinéma ou à la télévision, dans lesquels interviennent la violence ou le sexe. Mais nous pouvons assister à ces scènes en restant conscients des effets négatifs qu'aurait une réaction extrême de notre part. Au lieu de les laisser nous captiver, nous pouvons les utiliser pour en tirer des leçons. Potowa, l'un des grands maîtres tibétains de l'école Kadampa, disait que pour le méditant ayant atteint un certain degré de stabilité et de réalisation, toute expérience et tout événement devient un enseignement. Je pense que c'est vrai.

Questions

Q. — Comment faire pour concilier l'intérêt des autres et le besoin personnel de cultiver nos propres qualités intérieures ?

R. — Nous devons nous occuper en premier lieu de notre développement personnel. C'est aussi ce que préconise la méthode des « trois capacités » enseignée dans *La Voie graduelle*. Selon cette méthode, la pratique est divisée en trois étapes correspondant à la motivation personnelle et au développement spirituel de chacun. Même le Bouddha, lorsqu'il a enseigné, n'a pas commencé par l'esprit d'Éveil, mais par les Quatre Nobles Vérités. Ce n'est qu'en tournant la deuxième « roue du Dharma » (lorsqu'il a abordé le deuxième cycle d'enseignement) qu'il a parlé en détail de l'esprit d'Éveil. En ce qui concerne les deuxième et troisième cycles d'enseignements, nous ne disposons d'aucun document historique relatant les faits eux-mêmes et fournissant une chronologie. Ces enseignements ont peut-être été transmis à un auditoire réduit et sélectionné.

Q. — Tous les défauts ne sont-ils que des habitudes mentales ? En appliquant l'antidote propre à chacun, réussit-on à les éliminer ? Ou bien ne s'agit-il que de l'aspect « méthode », et doit-on l'utiliser conjointement avec la découverte de la vacuité inhérente de l'existence ?

R. — Pour ce qui est de la première question, si nous examinons la nature de nos émotions négatives, nous voyons que les voiles cognitifs ou émotionnels sont engendrés par leur état précédent. Il existe une sorte de continuité. On peut dire que ces émotions sont le produit d'un conditionnement. Dans l'optique bouddhiste, ce conditionnement ne se limite pas à une seule vie ; on peut le faire remonter à des vies antérieures. Autrement dit, il faut prendre en compte la théorie de la réincarnation. Mais les conditionnements extérieurs ou circonstanciels jouent également un rôle dans le degré ou l'intensité des états mentaux négatifs. On constate, par exemple, que dans une même famille, les enfants issus de mêmes parents ont leurs tendances propres, en fonction de leur karma. Et à mesure qu'ils grandissent, le conditionnement et les circonstances extérieures font que certaines émotions s'accentuent, alors que d'autres perdent de leur force. Par conséquent, les émotions négatives résultent d'un conditionnement lié aux vies ou aux émotions négatives précédentes, mais elles sont influencées par les circonstances présentes.

En ce qui concerne l'origine de ces émotions négatives, du point de vue bouddhiste, on ne peut qu'accepter les explications du Bouddha sur le non-commencement de la conscience. Personnellement, je ne pense pas qu'il soit possible d'avancer une raison ou un argument décisifs à ce sujet. On peut expliquer cette absence de début en remontant le continuum de la conscience, mais je ne crois pas qu'on puisse apporter une preuve convaincante à cent pour cent par le raisonnement déductif. L'argument le plus fort consiste à dire que si l'on adopte le point de vue opposé, c'est-à-dire si l'on suppose qu'il y a un début, on doit soit admettre l'existence d'un créateur extérieur à soi, ce qui soulève des problèmes, soit accepter la possibilité d'une sorte d'événement sans cause ni condition, ce qui, du point de vue de la logique, n'a pas de sens.

S'il faut choisir, l'hypothèse d'un continuum de conscience sans commencement présente moins d'inconsistances et de contradictions que les autres. C'est sous cet angle que l'on doit envisager le problème de l'origine des tendances négatives, car on ne peut pas dire qu'elles ont eu un début.

Toutefois, on peut trouver des êtres qui possèdent de hautes facultés spirituelles ou un niveau de conscience supérieur, et sont capables d'examiner leurs vies antérieures, sans remonter nécessairement à la nuit des temps, mais jusqu'à plusieurs vies. C'est possible.

Pour la seconde partie de votre question concernant la méthode, toutes les traditions bouddhistes s'entendent pour dire que la sagesse est nécessaire, et même indispensable, pour éliminer les émotions négatives et les voiles cognitifs. Même les traditions qui n'adhèrent pas à la philosophie de la vacuité considèrent que la méditation sur l'amour et la compassion peut agir comme remède à la colère ou à la haine. Cependant, elle ne peut les éliminer totalement. Pour cela, il faut faire appel à la sagesse, à la réalisation de la non-existence en soi de la personne ou du moi. Sur ce point, les traditions bouddhistes sont d'accord. Pour le Grand Véhicule en particulier, cela ne fait aucun doute. Et pour les écoles Yogachara (l'Esprit seul) et Madhyamika (la Voie du Milieu), on ne peut éliminer les deux voiles mentaux — le voile des émotions négatives et le voile cognitif — que par la vision pénétrante de la vacuité ou de l'absence de moi.

Percevoir l'absence de moi est donc considéré comme l'antidote direct de l'illusion, autrement dit des émotions négatives et des voiles cognitifs ; et percevoir la vacuité, ou nature ultime des choses, est le remède qui permet d'extirper de notre esprit les empreintes et les tendances résiduelles créées par l'illusion.

Toutefois, selon l'école Prasangika Madhyamika, l'absence de réalité en soi des personnes et celle des choses ne se distinguent que par rapport à leur objet ;

du point de vue de l'irréalité elle-même, il n'y a aucune différence. Encore une fois, ce n'est qu'en percevant la vacuité que l'on parvient à éliminer les émotions et les pensées négatives.

Q. — De quelle façon les images perçues en rêve éclairent-elles notre conscience de veille ?

R. — En général, les rêves ordinaires sont cités comme exemples d'événements irréels. Je ne crois pas qu'il faille y faire trop attention. Bien sûr, il y a eu des penseurs comme Jung et Freud pour les prendre très au sérieux. On ne peut pas rejeter totalement les rêves. Dus à certains facteurs, ils peuvent parfois prendre un sens et nous fournir d'importantes indications.

On trouve dans les tantras, surtout dans le Tantra-yoga supérieur [1], certaines pratiques ayant pour but d'avoir des rêves significatifs. La raison principale pour laquelle, dans ce yoga en particulier, on accorde de l'importance à la pratique du rêve est que l'application de certaines techniques peut avoir des conséquences bénéfiques sur l'état de veille. Il y en a une autre : si ces techniques sont utilisées correctement, l'état de rêve donne la possibilité de séparer le corps subtil du corps grossier.

1. Tantra-yoga supérieur (sanskrit : *anuttarayogatantra*) : le niveau le plus élevé des quatre classes du tantra. Les tantras se différencient par l'importance accordée aux pratiques externes, aux visualisations, au yoga interne ou aux techniques visant à rendre manifestes les trois *kayas*.

Q. — Puisque la colère et les autres émotions négatives sont engendrées par un concours de causes et de conditions, et qu'elles échappent à notre contrôle direct, comment se fait-il que nous puissions vouloir cultiver l'amour, la bonté et d'autres états positifs ?

R. — Ce sujet présente une analogie avec l'ignorance. Au début de notre existence, nous sommes très ignorants. Puis, l'éducation et l'étude nous permettent d'acquérir un certain nombre de connaissances. Si nous demeurons sans vouloir nous instruire, nous sommes incapables de mettre fin à notre ignorance. Précisons que l'ignorance dont je parle ici n'a pas le sens technique qu'on lui donne dans le bouddhisme ; il s'agit simplement du manque de savoir. Si nous restons tels que nous sommes, sans faire l'effort de nous améliorer, les forces opposées à l'ignorance ne se manifesteront pas d'elles-mêmes.

Il en va de même pour la colère et pour la haine. Elles surviennent naturellement mais, pour les vaincre ou les faire disparaître, il faut en prendre la décision et cultiver délibérément leurs antidotes, c'est-à-dire l'amour et la compassion. On entreprend cet effort parce qu'il en vaut la peine.

Dans la terminologie bouddhiste, le nirvana est souvent appelé l'« autre côté » ou l'« au-delà », et l'état d'ignorance du samsara [1] est appelé « ici et maintenant ». Cela signifie que les êtres non éveillés ne per-

1. Samsara (sanskrit) : le cycle de l'existence dans lequel on passe sans arrêt d'une vie à une autre, poussé par la force des actes (karma).

çoivent que leur environnement immédiat, que ce qui est manifeste. Cela veut aussi dire qu'un grand nombre de tendances, d'émotions et de pensées négatives responsables de notre souffrance se trouvent dans le samsara et appartiennent, en quelque sorte, à « ce côté-ci ». En revanche, la plupart des qualités positives que nous avons besoin de faire surgir appartiennent à l'« autre côté », à l'« au-delà », c'est-à-dire à la libération de la souffrance. Si nous ne faisons pas surgir ces qualités volontairement, elles ne se manifesteront pas d'elles-mêmes.

Lorsqu'on parvient à passer au-delà, on peut dire que la plupart des tendances négatives et des illusions appartiennent alors à l'« autre côté ».

Q. — Si la haine provient en partie du sentiment d'avoir été blessé ou maltraité, n'est-il pas moins pernicieux, moins négatif d'éprouver de la haine que de faire du mal aux autres froidement ? Ou bien y a-t-il toujours de la haine derrière le mal qu'on fait, comme dans le cas des malheurs infligés au peuple tibétain ?

R. — La première partie de la question est complexe. Je pense qu'il existe un grand nombre de cas possibles. Certains sévices peuvent être infligés sans haine particulière, mais par ignorance. Par exemple, quand nous pêchons, nous n'avons pas l'impression qu'un poisson est un être vivant et sensible ; nous le faisons sans haine. Nous tuons par ignorance.

Chasser pour le plaisir est une autre façon de tuer.

Mais là non plus, la haine n'est pas en cause. Je pense qu'il s'agit principalement d'ignorance, sans doute aussi de désir. Il y a aussi le cas où la chasse est un moyen de survie.

Je pense que l'extermination des Juifs et d'autres peuples dans les camps de concentration nazis est autre chose. Il se peut, même dans un cas aussi extrême, que certains individus impliqués dans ces meurtres n'aient pas éprouvé de haine personnelle.

En raison de la difficulté de ce problème, et de la complexité des actions humaines, la doctrine bouddhiste du karma distingue quatre grandes catégories d'actes : les actes commis, pour ainsi dire, sans motivation ; les actes qui restent à l'état d'intention, sans être exécutés ; les actes à la fois voulus et mis à exécution ; et les actes qui ne sont ni voulus ni accomplis délibérément. L'euthanasie représente un cas supplémentaire. Je pense qu'entre le meurtre dû à l'ignorance et le meurtre motivé par la haine, le deuxième est le plus grave et le plus négatif.

Un même acte, un meurtre par exemple, peut produire différents degrés du karma négatif, en fonction de la présence ou non de certains facteurs. Le cas le plus grave est celui où, poussé par une forte pulsion meurtrière, une émotion négative violente, on tue de façon cruelle et on en éprouve ensuite de la satisfaction. Si l'émotion négative qui sous-tend l'acte est moins forte, si la méthode adoptée est moins cruelle, ou si on regrette son méfait, le karma est proportionnellement moins lourd.

De plus, pour un même crime commis par haine, cette haine peut avoir différents degrés d'intensité. Elle peut être très subtile. Si on a prémédité un meurtre pendant plusieurs années, au moment où on l'accomplit, la haine peut même sembler avoir disparu. Mais on ne peut pas dire pour autant qu'on a tué sans haine. Au moment précis de l'acte, il n'y avait pas d'émotion forte, mais la haine était présente, profondément enfouie.

Selon un proverbe tibétain, plus un être est raffiné, plus il risque d'être habile à masquer sa haine. Par conséquent, plus il vous haïra ou sera en colère contre vous, plus il semblera gentil... Je ne sais trop s'il faut y croire !

Q. — Pourriez-vous nous en dire davantage sur le but de la vie ? La joie et le bonheur comme objectifs me semblent frivoles. Il y a tant à faire, et cela semble loin d'être facile et joyeux. Je trouve égoïste d'être heureux quand il se passe tant de choses désolantes.

R. — Je pense que le but de la vie, c'est le bonheur. Mais qu'est-ce que le bonheur ? Il en existe de nombreuses sortes. L'état le plus profondément heureux est la bouddhéité. Ensuite vient le nirvana de l'arhat [1]. Cet état n'est pas entièrement satisfaisant, car l'esprit possède encore quelques imperfections, mais la souf-

1. Arhat (sanskrit) : un être qui a atteint la libération du cycle des existences en éliminant les tendance karmiques et les émotions négatives qui le faisaient renaître dans le cercle vicieux du samsara. C'est le but auquel aspirent les pratiquants du Petit Véhicule.

france due à l'ignorance a disparu. C'est un état heureux. Penser à la prochaine existence ou à une bonne renaissance est défini comme une forme de bonheur. Il s'agit bien sûr d'une renaissance dans les mondes supérieurs du samsara parce qu'on y est plus heureux. Dans les mondes inférieurs, il y a davantage de souffrance.

Je pense aussi que notre existence présente, au jour le jour, est pleine d'espoir. Elle ne nous offre aucune assurance pour l'avenir ; rien ne nous dit que demain, à la même heure, nous serons tous ici. Cependant nous tendons vers ce but, simplement parce que nous avons l'espoir que ce sera possible. C'est pourquoi je pense que cette vie est une forme de bonheur. Ce n'est pas nécessairement un sentiment égoïste. Le but de la vie est de servir les autres, non de les rendre malheureux. Les servir signifie ne pas se contenter d'être heureux soi-même, mais aider les autres à trouver plus de bonheur. A mon avis, toute l'idée est là. Le bonheur n'est donc pas simple.

Q. — Pourriez-vous nous expliquer plus en détail pourquoi l'intelligence est un facteur auxiliaire de la patience ?

R. — Lorsqu'on étudie les différentes méthodes mentionnées dans ce texte, on a besoin de beaucoup raisonner ou analyser. C'est en ce sens que l'intelligence est un facteur complémentaire. A un niveau plus élevé de spiritualité, la sagesse nous permet de comprendre différentes réalités, telles que la nature dynamique et continuellement changeante des phénomènes, ou leur réalité ultime. Cette compréhension peut servir d'aide à la pratique de la patience.

Q. — Quelle est la position bouddhiste concernant l'avortement ?

R. — Pour un bouddhiste, la vie humaine est précieuse, bien qu'il y ait, parmi les humains, beaucoup d'empêcheurs de tourner en rond ! Il n'est donc pas recommandé de vouloir contrôler cette vie. Mais de nos jours, les humains sont trop nombreux : plus de cinq milliards. C'est une réalité. Il faut aussi prendre en compte un autre problème : celui de l'écart économique entre le Nord et le Sud. C'est mauvais, à la fois sur le plan moral et sur le plan pratique. En raison de cet écart, de nombreux réfugiés affluent dans les pays industrialisés, ce qui crée un grand nombre de problèmes, notamment en Europe. C'est peut-être moins grave pour l'Amérique ; le territoire est vaste, mais la criminalité y est néanmoins très élevée. C'est pourquoi nous devons tout faire pour réduire cette différence.

D'autre part, selon les spécialistes, les ressources naturelles ne sont pas suffisantes pour procurer aux pays du Sud le même niveau de vie que celui des pays du Nord, même avec la population actuelle de plus de cinq milliards. La race humaine dans son ensemble se trouve donc en face d'un problème. Logiquement, nous devons sérieusement penser au contrôle des naissances.

En règle générale, l'avortement est un acte négatif, car il consiste à tuer. J'ai lu récemment un article sur les droits du fœtus. C'est très vrai, du point de vue bouddhiste, parce que nous considérons qu'un fœtus est un être vivant, sensible.

L'un des préceptes ou vœux fondamentaux d'un moine ou d'une nonne qui ont prononcé leurs vœux perpétuels est celui de ne jamais tuer un être humain. Un moine ou une nonne qui tueraient un fœtus briseraient ce vœu.

Selon l'optique bouddhiste, l'essentiel est de se déterminer en fonction des circonstances. Il y a des règles générales, mais il y aura toujours des cas particuliers ; ils incluent même l'euthanasie. Il est évident qu'en règle générale l'avortement doit être évité. Dans certains cas, ce choix peut se comprendre ; lorsque la vie de la mère et celle de l'enfant sont en danger, ou lorsque la naissance risque d'entraîner de graves conséquences pour la famille.

Quant à l'euthanasie, elle peut éventuellement être admise par le bouddhisme, si le fait de maintenir un patient en vie très longtemps s'avère trop onéreux, s'il entraîne des difficultés pour la famille, et s'il n'y a aucun espoir de voir le patient sortir du coma sans séquelles mentales. Bien entendu, si la famille a suffisamment d'argent et tient à maintenir le patient en vie, c'est son droit. Mais quand les circonstances sont telles que cela crée de nombreuses difficultés, dans ces cas exceptionnels, l'euthanasie est permise, de même que l'avortement. L'attitude bouddhiste consiste à envisager les situations cas par cas.

SECONDE SÉANCE

(34) *S'il suffisait à tous les hommes*
De désirer pour réussir,
Personne ne souffrirait :
Car personne ne souhaite la souffrance.

(35) *Par imprudence,*
Les hommes se déchirent aux ronces ;
Par convoitise, par désir pour les femmes,
Ils se privent de nourriture.

Il y a une autre façon de se comporter lorsqu'on nous blesse : ne pas prêter attention à notre agresseur. Dans bien des cas, si l'on réfléchit on s'aperçoit que le malfaiteur agit par ignorance ou négligence, ou bien qu'il n'avait pas le choix. S'il n'en était pas ainsi, pourquoi les gens se nuiraient-ils à eux-mêmes, pourquoi se blesseraient-ils ? On découvre ainsi que beaucoup d'actes négatifs sont commis sans pensée malveillante, par manque d'attention ou de sensibilité.

(36) *Il en est qui s'infligent toute sorte de tortures :*
Ils se pendent, se précipitent,
S'empoisonnent, s'intoxiquent,
Commettant ainsi de lourdes fautes.

(37) *Si, sous l'influence des passions,*
Ils détruisent leur corps
Qui leur est si cher,
Comment épargneraient-ils celui des autres ?

Puisqu'on en arrive à se faire du mal à soi-même, par ignorance ou négligence, il peut donc arriver qu'on inflige ces mêmes tourments aux autres.

(38) *Envers ces hommes affolés par les passions,*
Acharnés à leur propre perte,
Loin de manifester de la pitié,
On éprouve de la colère : pourquoi ?

Au lieu d'éprouver de la haine ou de la colère envers ceux qui font ainsi du tort à eux-mêmes et aux autres, nous ferions mieux d'adopter l'attitude la plus appropriée, c'est-à-dire la compassion.

(39) *Si la nature de ces insensés*
Est de faire du mal aux autres,
Il n'est pas plus logique de s'irriter contre eux
Que contre le feu dont la nature est de brûler.

(40) *Si, au contraire, cette tare est passagère,*
Et si les hommes sont naturellement bons,
La colère est aussi peu justifiée envers eux
Qu'à l'encontre de l'air envahi par une âcre fumée.

Quelles sont les causes de notre colère ? S'il est irrémédiablement dans la nature de quelqu'un de faire du mal aux autres, à quoi servirait-il de lui en vouloir ? Après tout, il n'y peut rien. D'autre part, si la malveillance ne lui est pas naturelle, s'il s'agit d'un phénomène passager dû aux circonstances, cet être se trouve sous l'emprise d'une situation particulière dont il ne peut être tenu pour responsable.

Dans le premier cas, lui en faire grief serait comme reprocher au feu d'infliger des brûlures. Dans le deuxième cas, autant en vouloir aux nuages qui obscurcissent le ciel ! La nature du ciel n'est pas d'être couvert, mais à l'occasion, il lui arrive d'être caché par des nuages.

(41) *On ne s'irrite pas contre le bâton, auteur immé-*
[diat des coups,
Mais contre celui qui le manie ;
Or, cet homme est manié par la haine :
C'est donc la haine qu'il faut haïr.

Une autre méthode pour éviter la colère, ou dissiper sa force, consiste à examiner les causes immédiates ou lointaines de l'acte dont nous sommes victimes. D'une part, nous pouvons penser que c'est la cause la plus directe de la douleur qui devrait être l'objet de notre colère : si quelqu'un nous a frappés avec un bâton, prenons-nous-en au bâton. Nous pouvons aussi nous dire que notre colère doit d'abord viser la cause principale, sous-jacente, de l'acte, en l'occurrence la haine. Pourquoi choisir comme objet de notre emportement l'intermédiaire entre la cause directe de notre douleur et sa cause indirecte ? Pourquoi épargnons-nous ces protagonistes pour nous en prendre à l'individu qui est pris au milieu ? Pourquoi réservons-nous à celui-ci tout le feu de notre colère ? Shantideva réfute la logique d'un tel comportement.

> (42) *Jadis, moi aussi, j'ai infligé aux êtres*
> *Une pareille souffrance :*
> *Donc je ne reçois que mon dû,*
> *Moi qui ai tourmenté les autres.*

Voici une autre manière d'envisager le coup de bâton qu'on nous donne. Puisque, en fin de compte, nos expériences douloureuses résultent de nos propres agissements négatifs passés, si nous devons incriminer les causes de notre souffrance, nous devons aussi nous en prendre à nous-mêmes.

> (43) *Son épée et mon corps,*
> *Voilà la double cause de ma souffrance :*
> *Il a pris l'épée, j'ai pris le corps ;*
> *Contre qui s'indigner ?*

Notre souffrance est due à un concours de causes et de circonstances diverses. Si l'on reprend l'exemple du coup de bâton, parmi les causes qui ont contribué à la douleur figurent l'arme tenue par notre assaillant, mais aussi notre corps, car il est dans la nature de ce corps de ressentir la douleur d'une blessure. Sans ce corps pour base, l'expérience de la douleur ne serait pas possible. C'est bien la combinaison de l'arme et de mon corps qui est responsable de mon malheur. Pourquoi m'emporter contre un autre coupable ?

Si, en apprenant que quelqu'un dit du mal de vous, vous vous sentez blessés ou vous vous irritez, vous détruisez votre propre paix. La souffrance que vous en ressentez est votre propre création. Un proverbe tibétain dit qu'il faut traiter ce problème « comme du vent derrière l'oreille ». Autrement dit, il ne faut pas y prêter attention. On se protège ainsi du sentiment de meurtrissure. Cela montre que notre souffrance dépend en grande partie de notre réaction aux circonstances. Elle sera différente selon que nous prendrons ou pas les choses avec trop de sensibilité ou de sérieux.

Du point de vue bouddhiste, nous attachons trop d'importance aux événements mineurs de la vie quotidienne, alors que nous considérons avec moins d'intérêt les problèmes majeurs qui peuvent avoir de graves conséquences à long terme. C'est pourquoi les textes bouddhistes qualifient de puérils les gens ordinaires tels que nous. Le mot *byis pa* (prononcer « tchipa »), enfantin, a plusieurs sens. Parfois il désigne le jeune âge, ce qui est son usage courant. Parfois il qualifie les êtres ordinaires, par opposition aux êtres réalisés. Parfois également, il veut dire ceux qui ne songent qu'aux activités de la vie présente, sans se préoccuper de leur vie future, ou de la vie après la mort.

(44) *C'est un abcès en forme de corps que je me suis*
[donné là.
Un abcès qui souffre du moindre contact.
Aveuglé par le désir,
Comment puis-je m'irriter contre la douleur qu'il
[endure ?

Tant que nous posséderons cet agrégat, cet ensemble corps-esprit qui est un produit du karma [1] et de l'illusion, nous serons en proie à la souffrance et à l'insatisfaction.

(45) *Je n'aime pas ma douleur,*
Mais j'aime la cause de ma douleur,
Fou que je suis, c'est de mes fautes qu'elle est née :
Pourquoi en vouloir à un autre ?

1. Karma (sanskrit), littéralement : action. L'acte et l'énergie mentale qu'il engendre ; l'acte et son effet. Chaque acte physique, verbal ou mental laisse une empreinte mentale capable de rester dans le continuum de la conscience, même d'une vie à l'autre, jusqu'à ce que, au contact de circonstances et de conditions particulières, elle « mûrisse » sous forme de bonheur ou de malheur, selon que l'acte est positif ou négatif. La doctrine karmique comporte deux axiomes principaux : 1. On ne subit jamais les conséquences d'un acte que l'on n'a pas accompli. 2. Le pouvoir d'un acte commis ne s'épuise jamais jusqu'à ce qu'il produise son effet, à moins qu'il ne soit neutralisé par un antidote spécifique.

(46) *La forêt dont les feuilles sont des glaives,*
Les gardiens des enfers ont été engendrés par mes
[actes,
Et de même la douleur présente :
Contre qui m'irriter ?

La plupart de nos souffrances sont dues à notre nature puérile qui nous fait prendre trop au sérieux les petites choses et négliger celles qui ont de la valeur à long terme. Puisque nous sommes les artisans de notre malheur, pourquoi en tenir les autres pour responsables ?

Après la guerre du Golfe, beaucoup ont attribué à Saddam Hussein la responsabilité du conflit. Mais, comme je l'ai répété à plusieurs occasions, ce n'est pas très juste. Dans ce cas, j'éprouve réellement de la compassion pour Saddam Hussein. Bien sûr, c'est un dictateur ; bien sûr, il est coupable de nombreux méfaits. Mais sans équipement militaire, une armée ne peut guère faire de mal. Cet équipement n'a pas été fabriqué par Saddam Hussein. Quand on considère les choses de ce point de vue, on se rend compte que de nombreux pays ont leur part de responsabilité. Notre tendance naturelle est de rejeter la faute sur les autres ou sur une cause extérieure. Nous nous focalisons sur un seul élément, et nous essayons de nous décharger sur lui de toute responsabilité.

Je pense que ce que nous devons faire, ici, c'est considérer la situation de façon holistique, globale, de voir que de nombreux éléments entrent en jeu. Nous ne pouvons pas considérer qu'une seule personne est responsable de tout ce qui arrive. Prenons, par exemple, le problème entre les Tibétains et les Chinois. Du côté tibétain, un grand nombre de facteurs ont contribué à créer cette situation tragique. Notre génération a peut-être sa part de responsabilité, mais aussi, incontestablement, un certain nombre de générations précédentes. Il est injuste de rejeter toute la faute sur les Chinois.

Si nous prenons du recul et examinons de façon honnête et impartiale notre situation, quelle qu'elle soit, nous découvrons que nous en sommes en grande partie responsables.

(47) *Ce sont mes actes*
Qui poussent mes persécuteurs ;
C'est à cause de moi qu'ils iront en enfer.
Ne suis-je pas leur meurtrier ?

Le tort que nous font les autres a pour origine nos propres actes passés. Et parce que nos actes poussent notre agresseur à créer du mauvais karma, nous causons, en quelque sorte, sa déchéance.

(48) *Grâce à eux, mes nombreux crimes s'atténuent*
Par l'exercice de la patience ;
A cause de moi, ils iront dans l'enfer
Aux longues souffrances.

(49) *C'est moi qui suis leur persécuteur,*
Ce sont eux qui sont mes bienfaiteurs ;
Comment, renversant les rôles,
Oses-tu t'irriter, cœur scélérat ?

Comme nous l'avons mentionné, lorsque quelqu'un nous fait du mal, il accumule du karma négatif. Mais à la réflexion, son acte nous fournit, à nous, l'occasion de pratiquer la patience et la tolérance, de créer du karma positif. Dans ces conditions, pourquoi réagir de façon perverse en nous mettant en colère, alors que nous devrions être reconnaissants ?

(50) *Si, grâce au mérite de mes bonnes dispositions,*
Je ne tombe pas en enfer,
Que gagnent-ils
A ce que je préserve moi-même ?

Deux questions se posent alors. Puisque, lorsque quelqu'un me nuit, je lui donne l'occasion de créer du karma négatif, cela veut-il dire que je récolte, moi aussi, du mauvais karma pour avoir causé sa déchéance ? Non, répond Shantideva, car si nous en profitons pour réagir de façon positive, par la patience et la tolérance, nous créons du bon karma.

Deuxièmement, si, grâce à mon agresseur, j'ai la chance de pouvoir pratiquer la patience et la tolérance, et de ce fait de créer du mérite, crée-t-il, lui aussi, du karma positif ? Il n'en est rien, parce que le karma positif dû à la pratique de la patience ne prend effet que dans l'esprit de celui qui pratique cette patience.

(51) *Si je leur rendais le mal qu'ils me font,*
Ils ne seraient pas sauvés pour cela ;
Ma pratique spirituelle serait dénaturée
Et mon ascèse brisée.

Lorsque nous nous vengeons du mal qu'on nous a causé, non seulement cela n'est d'aucune utilité à notre agresseur — puisque nous lui nuisons — mais cela aura un effet destructeur sur nous-mêmes. Si nous sommes adeptes de l'esprit d'Éveil, nous dégraderons notre pratique, et le courage que nous aurons acquis grâce à la patience et à la tolérance perdra de sa force. La vengeance sera négative à la fois pour l'autre et pour nous-mêmes.

En se vengeant, on instaure un cercle vicieux. L'autre ne tolérera pas notre réaction et ripostera à son tour, entraînant une réaction similaire de notre part, et cela n'en finira jamais. A l'échelle d'une communauté, ce cercle vicieux se perpétue parfois de génération en génération. Tout le monde en souffre et la vie perd son sens. Dans les camps de réfugiés, une haine profonde se développe dès l'enfance, et certains la considèrent comme favorable à l'intérêt national. Ce raisonnement est à mon avis extrêmement étroit.

Lors d'une précédente discussion, nous avons parlé de la réaction appropriée aux attaques physiques, et de la nécessité de les tolérer. Mais ne nous méprenons pas : Shantideva ne dit pas que nous devons accepter avec résignation ce qu'on nous fait subir.

Ce problème est lié à la pratique bouddhiste de la générosité. Selon l'idéal du bodhisattva, on doit cultiver la générosité jusqu'à être capable de sacrifier son propre corps, si la situation l'exige. Mais il est essentiel de savoir juger le moment opportun. On ne peut faire ce sacrifice avant d'avoir acquis la force, la réalisation et d'autres qualités indispensables. Rappelez-vous ce que je disais précédemment : il ne faut pas abandonner ou sacrifier un objectif élevé pour un but mineur. Dans ces conditions, Shantideva ne peut pas conseiller au pratiquant de l'esprit d'Éveil de se résigner et d'accepter tous les sévices. La solution la plus sage est peut-être de s'en aller en courant, de fuir loin !

Il est important de bien juger si le moment est opportun, c'est-à-dire si notre propre degré de réalisation le permet, parce qu'on trouve, dans les écrits bouddhistes, l'histoire de grands contemplatifs qui ont accompli le sacrifice de leur corps. Dans les *Jatakas*, on lit que le Bouddha, lors d'une vie précédente, supporta les blessures physiques qu'on lui infligeait et finit par accepter sans se dérober que son corps soit mutilé et taillé en pièces. Ce genre de pratique n'est possible que si l'on a atteint un haut niveau de réalisation, et si l'on sait que ce sacrifice servira une cause élevée.

Ces exemples montrent que lorsque nous nous engageons dans une pratique, il est important d'évaluer les circonstances, les conséquences à court et à long terme, et le pour et le contre.

Le *Vinaya*, qui regroupe l'ensemble des écrits traitant de la morale et de la discipline monastique, est généralement moins souple sur les questions d'éthique que les textes du Grand Véhicule. Dans ce recueil, le Bouddha déclare pourtant que certains actes catégoriquement proscrits peuvent être autorisés dans certains cas exceptionnels. Il enseigne différents préceptes que ses disciples doivent observer, mais spécifie que dans certaines circonstances, à certains moments et pour certaines personnes, il n'est pas nécessaire de les suivre. On voit que même le *Vinaya*, malgré sa rigueur, recommande de tenir compte du contexte et des circonstances.

Jusqu'à présent nous avons surtout parlé des blessures et des souffrances physiques infligées par les autres, et de la façon dont nous devons réagir. Shantideva aborde à présent les blessures mentales, comme la peine causée par les insultes ou le mépris.

(52) *L'esprit immatériel*
Ne peut jamais être frappé ;
S'il est atteint par la douleur physique,
C'est à cause de son attachement au corps.

(53) *Injures, paroles brutales, calomnies,*
Tout cela ne blesse pas le corps ;
D'où vient ta colère,
O mon âme ?

Shantideva rappelle que l'esprit n'est pas matériel et pose la question du lien entre l'esprit et le corps. Pourquoi, demande-t-il, souffrons-nous quand quelqu'un nous manque de respect, nous parle durement ou nous insulte ? On ne nous cause aucune blessure physique. Pourquoi notre esprit se met-il en colère ?

> (54) *Ce n'est pas l'antipathie d'autrui*
> *Qui me dévorera*
> *Dans cette vie ou dans une autre :*
> *Pourquoi donc la redouter ?*

Nous pouvons rétorquer que les insultes et le manque de respect ne nous affectent pas physiquement, mais qu'ils incitent les autres à nous détester. Shantideva, anticipant cette objection, déclare que ce n'est pas une raison valable de se mettre en colère. Même si les autres ne nous aiment plus, cela ne provoquera aucune catastrophe majeure pour nous, que ce soit dans cette vie ou dans les suivantes. En revanche, si nous réagissons de façon négative, en perdant notre calme et en laissant la colère nous envahir, c'est nous qui, en fin de compte, serons perdants, car nous détruirons la paix de notre esprit.

Ne nous méprenons pas. Shantideva ne conseille pas de mépriser l'opinion d'autrui. Au contraire. Un quatrain de *La Marche vers l'Éveil* précise que lorsqu'on va vivre dans une nouvelle région ou une nouvelle ville, on doit se familiariser avec les coutumes locales et apprendre à se comporter de manière à n'offenser personne. Car si l'on peut rendre les autres heureux, on est mieux à même de les servir. C'est l'un des principes du bodhisattva. Replaçons les paroles de Shantideva dans leur contexte. S'il nous conseille de ne pas tenir compte du jugement des autres, c'est pour que nous évitions de nous mettre en colère quand on nous insulte.

> (55) *Parce qu'elle tarit mes profits ?*
> *Mais mes profits s'évanouiront dès cette vie,*
> *Tandis que mes fautes demeureront*
> *Dans toute leur force.*

Nous pensons peut-être que nous avons le droit d'exercer des représailles contre ceux qui nous insultent, nous calomnient ou nous déprécient, car ils nous empêchent de réussir dans le monde. Mais ce n'est pas une raison suffisante, car, à supposer que le comportement de l'autre porte atteinte à nos profits d'ordre profane, ces profits ne peuvent nous servir que pendant cette vie-ci. Nous devrons les abandonner quand nous mourrons. Ils n'ont pas une grande importance. En revanche, si nous réagissons par la colère ou la violence, nous devrons emporter avec nous, même dans les vies futures, le karma négatif engendré par nos actes.

(56) *Mieux vaut mourir aujourd'hui*
Que de traîner longtemps une vie incorrecte,
Puisque pour moi, même après avoir longtemps vécu,
La douleur de la mort sera la même.

(57) *Un dormeur qui a rêvé*
Un bonheur de cent ans, s'éveille ;
Un dormeur qui n'a rêvé
Qu'un bonheur d'un instant, s'éveille aussi.

(58) *Quand tous deux sont éveillés,*
Leur bonheur, n'est-ce pas, disparaît.
Tel, à l'heure de la mort,
Celui qui a longtemps vécu et celui qui a peu vécu.

(59) *Après avoir gagné beaucoup,*
Après avoir savouré de longues délices,
Je m'en irai nu et les mains vides,
Comme un homme dépouillé par les voleurs.

Mieux vaut mourir aujourd'hui que de mener une existence prospère grâce à des biens mal acquis. Tôt ou tard nous mourrons en abandonnant ce que nous aurons amassé, alors que l'effet de nos actes nous suivra très longtemps. En outre, au moment de la mort, le plaisir ou le bonheur passagers que nous auront procurés ces biens matériels ne seront plus que souvenirs, aussi insignifiants qu'un rêve qui a pris fin. Peu importe le nombre d'années que nous aurons vécues ainsi : nous ne différerons en rien de celui qui n'aura vécu qu'un instant de bonheur.

(60) *« Mais, dis-tu, grâce à mes profits, je vis,*
Et en vivant, j'épuise mes actes nuisibles, je gagne du [mérite. »
Quand on se fâche pour une question de lucre,
C'est le mérite qu'on use et le mal que l'on gagne.

(61) *Si le but même de ma vie disparaît,*
A quoi bon cette vie elle-même,
Qui ne produit que du mal ?

Shantideva répond à une autre objection : « Je suis sûr, penserons-nous, qu'en amassant des biens matériels, non seulement je vivrai plus confortablement, mais j'aurai également la possibilité d'accomplir un grand nombre d'actes positifs qui me vaudront des mérites. Par conséquent, j'ai le droit de m'en prendre à celui qui me barre la route ! » Une fois de plus, il n'y a aucune raison valable d'agir ainsi, car si l'on compare le mérite que l'on peut acquérir en faisant de bonnes actions grâce à nos richesses, et le karma négatif que nous créons en exerçant des représailles sur celui qui nous insulte ou nous fait du tort, les actes négatifs pèseront bien davantage que les bienfaits que nous aurons accomplis.

(62) *Tu hais, prétends-tu, ton diffamateur*
Parce qu'il cause la perte de ceux qu'il excite contre [toi ;
Pourquoi donc ne t'irrites-tu pas de même
Contre le calomniateur d'autrui ?

(63) *Tu pardonnes au médisant*
Qui est sous l'influence d'autrui.
Pourquoi ne pardonnes-tu pas
A celui qui te blâme sous l'empire des passions ?

« Il est clair, dirons-nous alors, que si quelqu'un m'insulte, me manque de respect ou dit du mal de moi, j'ai le droit de me mettre en colère, puisqu'il détruit la confiance que les autres ont en moi. » Pour Shantideva, cet argument ne tient pas debout, car pourquoi ne nous mettons-nous pas en colère contre ceux qui disent du mal des autres ? Nous répondrons peut-être que, dans ce cas, nous ne sommes pas concernés, et nous révélerons ainsi la véritable cause de notre irritation.

Méditation

Pendant cette séance de méditation, vous allez visualiser une personne que vous n'aimez pas et qui vous cause énormément de problèmes. Imaginez une scène dans laquelle cette personne fait quelque chose qui vous irrite ou vous offense ; puis laissez-vous réagir naturellement, sans contrôle, et vérifiez si vos battements de cœur s'accélèrent. Observez vos sentiments, essayez de voir si vous êtes mal à l'aise, ou si vous devenez plus calmes. Pratiquez cet examen pendant trois ou quatre minutes. Rendez-vous alors compte qu'il ne sert à rien de vous irriter : vous perdez immédiatement votre calme. Dites-vous que, dorénavant, vous ne réagirez plus ainsi. Puis détendez-vous dans l'absorption méditative.

Questions

Q. — La contemplation de sa propre souffrance est-elle la seule technique ou le seul remède à cultiver contre l'orgueil ? Y en a-t-il d'autres ?

R. — On peut aussi réfléchir à la multiplicité des connaissances. Le bouddhisme conseille, pour combattre l'orgueil, de réfléchir aux différentes catégories d'enseignements qu'on trouve dans les soûtras [1], aux façons possibles de percevoir la réalité, et ainsi de suite. Le système d'éducation moderne, avec ses nombreuses disciplines, peut également servir de référence : pensez à tous les domaines dans lesquels vous êtes ignorants.

1. Soûtra (sanskrit) : discours public du bouddha Shakyamuni. La *Corbeille des Soûtras* est l'un des trois grands recueils de textes canoniques du bouddhisme.

Q. — Quel rôle joue le pardon dans le développement de la patience et de la tolérance ?

R. — Le pardon est le résultat final, le fruit de la patience et de la tolérance. Lorsqu'on est réellement patient et tolérant, le pardon vient naturellement. Par conséquent, les trois sont étroitement liés.

Q. — Quel est le statut des femmes dans le bouddhisme ? Nous avons tous entendu parler des abus et des sévices dont sont victimes les femmes dans le bouddhisme, comme dans les autres religions. Les textes bouddhistes semblent s'adresser aux hommes. Les femmes semblent être considérées différemment des hommes, sur le plan social et sur le plan physique. Existe-t-il des pratiques ou des textes pour aider les femmes laïques et les nonnes dans les aspects les plus difficiles de la voie ? En quoi la vie d'une nonne diffère-t-elle de celle d'un moine ?

R. — Il est vrai que les nombreux pandits indiens que nous citons comme des autorités, comme les sources de la littérature et de la pensée bouddhistes au Tibet, étaient des hommes. Par conséquent, leurs écrits reflètent principalement un point de vue masculin.

Le second problème que vous soulevez est un peu plus complexe. D'abord, selon le *Vinaya*, le Bouddha a offert les mêmes possibilités aux femmes qu'aux hommes. Le *Soûtra du Vinaya* donne des instructions concernant l'ordination complète des femmes aussi bien que celle des hommes. Cependant, je pense qu'en raison de certains aspects culturels, le moine est considéré comme supérieur à la nonne. De ce point de vue-là, il existe une part de discrimination.

Dans les pratiques des bodhisattvas et les pratiques tantriques, hommes et femmes sont considérés comme égaux. Mais, dans certains textes, on déclare qu'un bodhisattva qui se trouve au stade ultime avant l'Éveil est nécessairement de sexe masculin.

Selon le Tantra-yoga supérieur, non seulement il y a égalité de chances entre hommes et femmes sur la voie bouddhiste, mais tout pratiquant, sans distinction de sexe, peut atteindre l'Éveil. On ne trouve plus, ici, aucune distinction ni discrimination. Il apparaît clairement que le Tantra-yoga supérieur prête une attention particulière aux droits des femmes, puisque l'un des préceptes de base de ce tantra dit qu'on ne doit pas maltraiter ou insulter le sexe féminin. A mon avis, c'est parce que, sur le plan social, les femmes étaient victimes de préjugés. Ce tantra prend spécialement soin de respecter leurs droits et leur dignité. En fait, le pratiquant idéal du Tantra-yoga supérieur est supposé considérer les femmes de façon particulière, surtout s'il pratique les tantras « mères ». Sauf empêchement, il lui est conseillé de se prosterner devant chaque femme qu'il rencontre, et de lui rendre hommage. S'il ne peut le faire physiquement, il est supposé le faire mentalement.

En revanche, s'abstenir de maltraiter ou d'insulter un homme ne figure pas parmi les préceptes de base. Pour résumer, on peut dire, je pense, qu'hommes et femmes ont les mêmes chances, mais, comme le système social est tel que les femmes risquent d'être maltraitées ou méprisées, un effort particulier est entrepris pour rétablir l'égalité des sexes. Du point de vue du bodhisattva, je pense qu'il s'agit vraiment d'égalité.

A ce propos, la déesse Tara est une des féministes les plus influentes ! Selon la légende, lorsqu'elle conçut l'intention d'atteindre l'Éveil ultime pour le bien des autres, elle prit une décision. Constatant que d'innombrables bodhisattvas étaient des hommes, et que d'innombrables autres étaient devenus bouddhas sous une forme masculine, elle décida non seulement d'engendrer l'esprit d'Éveil sous sa forme féminine d'alors, mais de rester femme tout au long de la voie, même lorsqu'elle aurait atteint l'Éveil ultime.

Q. — Pouvez-vous nous parler du problème de la haine de soi, et des moyens dont dispose le bouddhisme pour s'en guérir ?

R. — En vérité, la première fois que j'ai entendu l'expression « haine de soi », ce concept m'a surpris et même déconcerté. J'ai trouvé cela assez incroyable. En tant que pratiquants du bouddhisme, nous tentons tous les efforts possibles pour surmonter notre attitude égocentrique et nos pensées égoïstes. Envisager la possibilité que l'on puisse ne pas s'aimer, et même se haïr, m'apparaissait incroyable ! Du point de vue bouddhiste, le découragement et la dépression sont considérés comme des extrêmes. Mais la haine de soi est un sentiment beaucoup plus extrême que la dépression ; elle est très dangereuse.

On trouve l'antidote de cette haine dans notre nature de bouddha, dans la conviction que tous les êtres, et en particulier les humains, possèdent le potentiel de la bouddhéité. Shantideva, dans *La Marche vers l'Éveil*, insiste beaucoup sur ce point. Il affirme que même les êtres aussi fragiles que les insectes, les mouches ou les abeilles possèdent la nature de bouddha, et que s'ils décidaient de s'engager sur la voie spirituelle, ils pourraient accéder à l'Éveil absolu. Alors, pourquoi pas moi, qui suis un être humain, doté d'intelligence et disposant de toutes les facultés nécessaires ? Dans *Le Sublime Continuum*, Maitreya déclare qu'un être, aussi pauvre, faible, ou dépourvu de tout soit-il, ne perd jamais sa nature de bouddha. La semence, le potentiel de perfection et d'Éveil absolu restent toujours intacts.

Je conseille à ceux qui souffrent de haine de soi de ne pas trop penser, pour le moment, au caractère douloureux ou insatisfaisant de l'existence, et de se concentrer davantage sur des aspects positifs, comme le potentiel qui sommeille en eux en tant qu'êtres humains. Dans les enseignements traditionnels, on décrit les qualités d'une existence humaine riche et libre et les occasions qu'elles nous offrent. En y réfléchissant, on peut prendre confiance en soi et ressentir un sentiment de valeur personnelle.

L'important, encore une fois, est de faire appel aux méthodes adéquates, celles qui correspondent le mieux à notre nature, à nos facultés mentales et à nos aspirations. Imaginez que vous ayez à conduire un être craintif vers une destination lointaine. Si vous lui expliquez les difficultés qui l'attendent, il se découragera et perdra tout espoir. En revanche, si vous procédez par étapes, en lui proposant d'abord : « Et si nous allions voir cette ville-ci ? », et plus tard : « Allons maintenant dans cette autre », vous pourrez parvenir à vos fins. C'est ce qui se passe quand nous entreprenons des études. Même si notre but est d'entrer à l'université et de recevoir une éducation supérieure, nous ne pouvons pas commencer directement par là. Nous devons d'abord aller à l'école primaire, où nous apprendrons l'alphabet, et à mesure que nous progresserons, nous passerons dans la classe suivante. C'est de cette façon que nous pourrons atteindre notre objectif.

Il en va de même dans la pratique du Dharma. Nous avons des tempéraments différents. Certains sont arrogants et vaniteux. D'autres sont sujets au désir ou à la colère. D'autres encore manquent de courage et de confiance en soi. Chacun doit choisir la méthode la mieux adaptée à sa nature. Aryadeva, dans un texte intitulé *Traité en quatre cents stances*, explique en détail comment guider un disciple de la meilleure façon, en fonction de ses dispositions mentales.

Lorsqu'on lit certains soûtras où le Bouddha semble même accepter l'existence du moi, ou de l'âme, on doit comprendre ses paroles en se rappelant qu'il est important de prendre en compte les besoins de chaque être.

Une histoire illustre la façon dont on peut se méprendre. A l'époque du Bouddha, un roi commit le crime horrible de tuer son père, et il en fut terriblement choqué. Lors d'une précédente visite, le Bouddha avait déclaré qu'il fallait tuer ses parents, mais il ne voulait pas le dire au sens littéral. Il avait employé le mot « parent » comme une métaphore pour désigner le karma et le désir qui, en se combinant, provoquent notre renaissance et jouent, en quelque sorte, le rôle de géniteurs. « Tuer ses parents » signifiait éliminer le karma et le désir.

Q. — Reconnaître la nature du samsara conduit au véritable renoncement. Mais comment fait-on pour reconnaître la nature du samsara ? Est-ce la quantité de souffrance qui nous incite à renoncer, ou est-ce le fait d'en reconnaître la nature ?

R. — Reconnaître la souffrance ne suffit pas en soi pour éprouver un renoncement authentique. Il faut aussi identifier l'origine de la souffrance, et la façon dont cette souffrance est produite. C'est la combinaison de ces deux prises de conscience qui conduit au désir de renoncer.

Selon le bouddhisme, il existe trois sortes de souffrances : la souffrance évidente, la souffrance du changement et la souffrance inhérente à tous les composés. Le désir de se libérer de la souffrance évidente est présent instinctivement même chez les animaux. On ne peut l'appeler renoncement. On peut simplement reconnaître qu'il tend vers le renoncement.

Constater que le changement est de nature douloureuse et concevoir le désir de s'en libérer est une attitude dont même les contemplatifs non bouddhistes, dont le principal but est la recherche d'un état d'absorption méditative, sont capables. Mais ce n'est pas encore ce que le bouddhisme entend par renoncement véritable. Le renoncement véritable est lié à la prise de conscience du troisième niveau de souffrance, de la nature insatisfaisante de toute existence, de ce qu'on appelle la souffrance inhérente à tous les composés. Lorsqu'on reconnaît ce niveau, on parvient à la racine de la souffrance. On comprend que l'existence est le produit du karma et de l'illusion.

Pour parvenir au vrai renoncement, il faut d'abord se rendre compte que notre existence est transitoire. Le caractère perpétuellement changeant des phénomènes nous montre que nous ne pouvons pas durer, que nous ne sommes pas maîtres de notre sort, et que notre existence n'a pas de caractère absolu ; elle dépend d'autres éléments. Nos agrégats, par exemple, naissent du karma et de l'illusion. Lorsqu'on s'en aperçoit, on comprend que leur véritable nature est insatisfaisante et douloureuse, et on éprouve le désir de se libérer de l'existence conditionnée. C'est cela, le renoncement authentique. Mais même à ce stade-là, je pense qu'il est nécessaire, pour véritablement renoncer, de comprendre qu'il est possible de se libérer, d'atteindre le nirvana, la délivrance du samsara. S'il suffisait de réfléchir à la nature douloureuse de l'existence, le Bouddha n'aurait pas eu besoin de parler des Quatre Nobles Vérités.

A propos de la nature douloureuse, il faut garder à l'esprit que l'on peut comprendre ce terme de deux points de vue. Du point de vue absolu, la souffrance est vacuité. Mais quand on parle de renoncement, on n'envisage pas la souffrance sous cet angle-là. On l'envisage du point de vue conventionnel.

Q. — Si notre but est de vaincre les émotions, ou de s'en libérer, comment pouvons-nous ressentir de la compassion ? Ne s'agit-il pas également d'une émotion ?

R. — Vous serez peut-être intéressés par une discussion que j'ai eue avec un certain nombre de scientifiques. Nous nous sommes demandé comment définir une émotion et nous sommes tombés d'accord pour penser que l'émotion existe, même au stade de la bouddhéité. On peut donc dire que la compassion est, incontestablement, une émotion.

Mais les émotions ne sont pas toutes négatives. Certaines sont destructrices et d'autres constructives. Celles que nous devons éliminer, ce sont les destructrices.

Q. — Un chrétien pratiquant peut-il prononcer des vœux bouddhistes ? Je suis un chrétien très engagé. En fait, je suis dans les ordres. Pourtant, il me semble que, dans mon esprit, il y a une compatibilité et une harmonie telles entre les enseignements de Jésus et la voie spirituelle bouddhiste qu'elle permet l'adhésion aux deux et leur pratique conjointe. Les deux sont dirigés vers la lumière, le chemin de la vérité, l'amour et la liberté. Dans ma vie, j'ai eu Thomas Merton parmi mes maîtres, lequel était en même temps prêtre et moine catholique, et pratiquait le bouddhisme.

R. — Il existe, bien entendu, de nombreux éléments convergeants dans les grandes traditions religieuses. C'est pourquoi je pense qu'au début, on peut pratiquer simultanément le bouddhisme et le christianisme, voire même d'autres religions. Je crois que c'est très bien.

Le problème se pose à un stade plus avancé. C'est un peu comme lorsqu'on suit des études : à partir d'un certain niveau, on doit se spécialiser dans une discipline. A partir d'un certain point dans la pratique du bouddhisme, la compréhension de la vacuité devient l'un des aspects principaux de la voie. Or, le concept de vacuité et celui d'un créateur absolu sont, à mon avis, difficiles à concilier. Pour le pratiquant chrétien, la croyance en un créateur tout-puissant est essentielle pour développer l'autodiscipline, la compassion ou le pardon, dans une relation intime avec Dieu. C'est très important. En outre, lorsque Dieu est considéré comme absolu et tout-puissant, le concept de la relativité de tout pose un problème. Toutefois, si l'on comprend Dieu en termes de nature ou de réalité ultimes, il devient possible d'avoir un point de vue unifié. En ce cas, si l'on tente de donner au concept du Père, du

Fils et du Saint-Esprit une nouvelle interprétation, je pense que nous pourrions les comparer aux trois corps : le corps d'apparition, le corps de jouissance et le corps absolu. Mais si l'on se met à interpréter la Trinité à la lumière des trois *kayas*, je me demande dans quelle mesure la pratique correspondante demeurera réellement chrétienne.

A mon avis, nous devons adopter la religion qui correspond à nos dispositions mentales. C'est capital. Je dis par conséquent aux autres que pour moi, en tant que moine bouddhiste, c'est le bouddhisme qui me convient le mieux. Cela ne veut pas dire que c'est la meilleure voie pour tout le monde. C'est clair. Pour d'autres, une religion fondée sur la croyance en un créateur, comme le christianisme, l'islam ou le judaïsme, est mieux adaptée. Il est essentiel de suivre la religion qui s'harmonise avec notre tempérament.

Il y a un autre point que j'essaie de faire comprendre. Changer de religion n'est pas simple. La plupart d'entre vous, en Occident, viennent d'un milieu familial traditionnellement chrétien. Je tiens donc à vous avertir que passer d'une religion à une autre est une entreprise compliquée. Peu importe que les athées soient attirés par le bouddhisme. Dans ce cas, tant mieux ; qu'ils deviennent bouddhistes ! Cela vaut mieux que de rester athée. J'appelle d'ordinaire ces gens des « athées extrêmes », parce que, d'un certain point de vue, le bouddhisme est une sorte d'athéisme, mais préférable à l'autre. C'est clair. Mais ceux qui vivent un certain sentiment religieux lié à leur propre tradition doivent être très prudents s'ils envisagent de se convertir. En règle générale, je pense qu'il vaut mieux pratiquer en accord avec sa propre tradition. Cela n'empêche pas d'utiliser certaines techniques bouddhistes, pour augmenter la patience, la compassion, la capacité à pardonner, etc., sans adhérer à la théorie de la renaissance ou aux aspects complexes de la philosophie.

Il me semble que la méditation avec l'esprit concentré est une pratique valable à laquelle s'intéressent nos frères et sœurs chrétiens. J'ai découvert que, dans l'Église grecque orthodoxe, on l'appelle « mysticisme ». Vous pouvez donc adopter certains éléments de la voie bouddhiste, c'est certain. Mais si vous changez de religion à la hâte, du jour au lendemain, au bout de quelque temps vous risquez de rencontrer un certain nombre de difficultés et de tomber dans la confusion. C'est pourquoi, soyez prudents.

N'oubliez pas qu'après vous être convertis, vous aurez naturellement tendance à justifier votre nouveau choix en critiquant votre religion précédente. C'est une réaction dangereuse. Même si dans votre cas particulier, votre ancienne religion n'était pas efficace ou appropriée, des millions de gens continuent sans doute à y trouver leur bonheur. Respectons les droits et les croyances de chacun. Il y a de nombreuses raisons de le faire.

Troisième jour

PREMIÈRE SÉANCE

Jusqu'ici, Shantideva a parlé de la façon d'éviter la haine et la colère lorsqu'on nous fait personnellement du tort. Il va maintenant nous expliquer comment réagir patiemment lorsqu'on détruit ce qui nous appartient.

(64) *Ceux qui détruisent et outragent les statues*
Les stoûpas, la doctrine,
Ne méritent pas ma haine,
Car les bouddhas et les saints n'en souffrent pas.

Un bouddhiste pourrait trouver légitime de s'emporter contre celui qui détruit une image du Bouddha, un reliquaire ou autre objet sacré. Pour lui, ces objets ont une immense valeur, et les détruire est un acte sacrilège. Il peut dire que sa colère est pour le bien du Dharma. Mais Shantideva répond qu'il n'est pas juste de réagir ainsi. Si l'on s'emporte, c'est parce qu'on ne supporte pas la situation. Quant aux objets sacrés, on ne peut pas leur faire de mal.

(65) *Si quelqu'un maltraite nos maîtres,*
Nos parents, ceux que nous aimons,
Refrénons notre colère en considérant
Que c'est là l'effet des causes.

Il ne convient pas davantage de ressentir de la haine pour celui qui fait du tort à nos maîtres spirituels, à nos parents ou à nos amis car, même dans ce cas, les douleurs qu'ils subissent sont en partie le fruit de leurs actes passés. Certes, d'autres facteurs peuvent entrer en jeu. Mais si mon ami est aujourd'hui agressé, c'est sans doute parce qu'il s'est lui-même mal conduit autrefois. Il faut tenir compte de tout cela et se garder d'éprouver de la haine.

(66) *La souffrance des êtres est nécessairement*
L'œuvre d'une cause animée ou inanimée.
Pourquoi s'emporter seulement contre les êtres animés ?
Supporte toute souffrance, ô mon cœur.

Puisque les causes conduisant autrui à nous nuire sont à la fois animées et inanimées, pourquoi incriminer et s'en prendre uniquement aux premières ?

(67) *Des égarés s'offensent,*
D'autres égarés se courroucent.
Qui d'entre eux dirons-nous
Innocent ou coupable ?

Celui qui maltraite notre ami agit principalement par ignorance des conséquences de son acte. Et si nous perdons notre sang-froid et nous mettons en colère, c'est de nouveau par ignorance. Il existe une sorte de similitude entre les deux actes. Alors, à qui la faute ? Qui est innocent et qui est coupable ?

(68) *Pourquoi as-tu fait jadis ce qui te vaut d'être*
A présent molesté ainsi par tes ennemis ?
Nous sommes tous esclaves de nos actes
Pourquoi en vouloir à d'autres ?

« Les deux situations sont différentes. Cette personne m'a fait du tort alors que je m'occupais de mes propres affaires et ne le provoquais pas. Ma colère est justifiée. »

Dans ce cas, nous n'avons pas suffisamment réfléchi. Autrement, nous verrions que la situation est due à notre karma, et que, par conséquent, nous sommes responsables de ce qui nous arrive. Nous ne pouvons pas affirmer : « Je suis complètement innocent dans cette affaire. »

(69) *Ayant bien compris cela,*
Je m'efforce au mérite spirituel,
Afin que tous soient animés
De bons sentiments les uns envers les autres.

Shantideva conclut qu'après avoir bien réfléchi à son exposé, nous devons prendre la résolution de faire notre possible, à compter de ce jour, pour vivre en paix et en harmonie avec les autres, et pour avoir des pensées aimantes à leur égard. Nous devons également tout faire pour que les autres agissent de même.

(70) *Quand le feu se propage*
D'une maison à l'autre, on retire la paille
Et les autres matières inflammables
Auxquelles le feu pourrait s'attaquer.

(71) *De même, tout attachement*
Qui attiserait le feu de la haine
Doit être éliminé à l'instant,
De peur que la masse de nos mérites ne soit consu-
[mée.

Il importe de s'occuper de l'attachement, car c'est la source de la haine et de la colère. Au Tibet, lorsqu'une maison était en flammes, on devait immédiatement retirer la paille qui s'y trouvait, pour éviter que l'incendie se propage aux habitations voisines. De même, comme l'attachement est le combustible qui permet à la haine de se propager, c'est l'attachement qu'il faut éliminer.

En général, les textes du Grand Véhicule comme *Le Compendium des instructions* de Shantideva, dans lequel sont exposés les idéaux et le mode de vie du bodhisattva, attachent une grande importance à la façon d'aborder la haine, de s'en défendre et de l'éliminer. Ils mentionnent que, dans certains cas exceptionnels, l'attachement peut devenir une aide pour le bodhisattva qui œuvre au bien des autres. Il n'en reste pas moins que c'est l'attachement — ou le désir — qui se trouve d'habitude à l'origine de la haine.

La haine se différencie de l'attachement par son aspect destructeur et violent ; dès le départ, elle dérange. L'attachement, plus doux, peut être aussi à la source de la haine. Si l'on veut éliminer totalement la haine, il faut aussi combattre l'attachement.

Il est important de bien comprendre ce que j'ai dit plus haut, à savoir que l'attachement est parfois une aide pour le bodhisattva qui œuvre au bien d'autrui. Cela n'est pas dû à la nature de l'attachement lui-même, mais à la subtilité des moyens que le bodhisattva met en œuvre quand il utilise l'attachement pour secourir les autres. Car il faut être clair : l'attachement est à la base même de l'existence non éveillée. C'est un fait capital.

Il est clair que nombre de querelles et de conflits, même au sein d'une même famille, prennent leur source dans l'attachement. Cet attachement prend diverses formes selon l'objet qu'on désire : on s'attache aux images, aux apparences, aux sons, aux odeurs, au toucher, etc. Chacune de ces situations suffit, par elle-même, à créer une foule de difficultés. L'attachement le plus puissant semble être le désir sexuel. Il implique les cinq sens à la fois, ce qui lui donne d'autant plus de force, de potentiel destructeur et de capacité à causer des problèmes.

Je me demande dans quelle catégorie on doit classer l'argent. On ne peut pas dire qu'on s'y attache pour sa forme, pour son apparence, ou pour la beauté du son qu'il émet. Mais l'argent permet de se procurer un grand nombre d'objets du désir ; c'est probablement à cause de cela qu'on y tient tant.

A ce stade, il me semble opportun de parler des relations entre hommes et femmes. J'en vois deux types, tous deux fondés sur l'attraction sexuelle. Le premier est le simple désir, dont le but est l'assouvissement immédiat et temporaire. Sur la base de ce désir, on peut créer une relation, mais je ne pense pas que celle-ci soit fiable ou durable, parce que les protagonistes ne sont pas liés l'un à l'autre en tant que personnes, mais plutôt en tant qu'objets.

Dans le second type de relation, l'attraction principale n'est pas d'ordre physique. Elle repose plutôt sur le respect, l'appréciation de la valeur de l'autre, le sentiment que l'autre est bon, aimable, gentil. Nous pouvons lui accorder notre estime et le traiter avec dignité. Toute relation de ce genre est plus durable, et plus digne. Elle exige que les deux personnes prennent le temps de se connaître en tant que personnes et de découvrir leur caractère respectif. Elle n'en sera que plus forte. On peut aussi affirmer qu'elle nécessite, au départ, un authentique sentiment de compassion, et un sens de la responsabilité parce qu'on se sent engagé envers l'autre. Dans le premier type d'attachement, ces éléments font défaut. On ne vise que la satisfaction immédiate.

Chacun de nous est pétri d'incohérences et de contradictions. Parfois, la différence entre nos pensées du matin et celles du soir est si grande que nous épuisons toute notre énergie à imaginer un moyen de les concilier. Nous en attrapons parfois la migraine. Il est naturel qu'il y ait également des divergences entre deux personnes, ou entre parents et enfants. Les désaccords et les conflits sont inévitables. Comment nous comporter dans ces situations ? Comment devons-nous y faire face ? En faisant confiance à notre capacité de conciliation.

(72) *Si un condamné à mort est mis en liberté*
Après avoir eu la main coupée, peut-il se plaindre ?
Si, au prix de souffrances humaines,
On échappe à l'enfer, peut-on se plaindre ?

(73) *Si, aujourd'hui, une menue souffrance*
Te semble intolérable,
Comment ne refrènes-tu pas la colère
Qui te vaudra les supplices de l'enfer ?

Si nous répondons par la haine et la colère au mal que nous font les autres, non seulement nous n'effaçons pas nos blessures, mais nous nous créons des causes supplémentaires de souffrance pour l'avenir. Au contraire si, malgré les difficultés ou les blessures, nous réagissons avec patience et tolérance, cette souffrance passagère nous protégera de conséquences futures plus dangereuses. Le condamné à mort auquel on propose de laisser la vie sauve s'il accepte d'avoir la main coupée ne sera-t-il pas reconnaissant de la chance qu'on lui offre ? En supportant la douleur d'être amputé, il échappera à la mort, souffrance encore plus grande.

Shantideva ajoute que la patience a un autre avantage, car la souffrance temporaire que nous cause autrui épuise le pouvoir négatif des méfaits que nous avons commis autrefois.

Accepter patiemment des épreuves minimes donne aussi l'occasion d'effectuer d'autres pratiques. Profitons-en, par exemple, pour faire des prières et penser : « Puisse cette souffrance me purifier de mes actes négatifs passés. » Saisissons aussi cette chance pour effectuer la méditation du Grand Véhicule appelée *tong-len*, qui signifie « donner et prendre ». Cette pratique consiste à penser, au moment où l'on souffre : « Puisse ma souffrance se substituer à toutes les souffrances analogues que les autres doivent subir. Puissé-je les leur épargner en les subissant à leur place. »

Ce conseil est utile en cas de maladie. Nous devons, bien sûr, nous alimenter correctement pour rester en bonne santé. Et lorsque nous sommes malades, ne négligeons pas de prendre des remèdes et de faire notre possible pour guérir. Mais notre réaction devant la maladie peut jouer un grand rôle. Au lieu de geindre, de nous révolter, de nous apitoyer sur nous-mêmes ou de nous laisser envahir par l'anxiété, adoptons une attitude positive, et nous nous épargnerons d'inutiles souffrances mentales. Même si cela ne suffit pas à soulager notre souffrance physique réelle, nous pouvons penser : « Puissé-je, grâce à cette douleur, épargner aux autres la même expérience. » Nous utiliserons ainsi la maladie comme une pratique spirituelle. La méditation de *tong-len* ne nous guérira pas nécessairement au sens physique, mais elle nous protégera de souffrances supplémentaires inutiles. De plus, la maladie ne sera plus une cause de tristesse ; elle nous apparaîtra comme un privilège, une chance, et même une joie, parce qu'elle rendra notre vie plus riche.

Nous avons tendance à tout mettre sur le compte du karma pour éviter d'endosser des responsabilités ou de prendre des initiatives personnelles. Nous disons facilement : « Cette situation est due à mes actes négatifs passés. Que faire ? Je n'y peux rien ! » Mais cela prouve que nous avons du karma une vue totalement fausse. Ce que nous vivons maintenant est une conséquence de nos actes passés, mais cela ne veut pas dire que nous n'avons aucun choix, ou que nous ne pouvons pas décider de changer. Nous ne pouvons nous réfugier dans la passivité et nous décharger de toute initiative personnelle, sous prétexte que tout est l'effet du karma. Celui qui comprend correctement le karma admet aussi qu'il signifie « action », que c'est un processus dynamique.

Le terme « karma » implique un acte commis dans le passé. Cela veut en même temps dire que l'avenir se trouve pour une grande part entre nos mains, qu'il peut être déterminé par nos décisions présentes. Il ne faut pas envisager le karma comme une force passive, statique, mais, je le répète, comme un processus dynamique. Chaque individu a un rôle important à jouer dans le cours de son karma.

Même pour atteindre un objectif aussi élémentaire que celui de se nourrir, il faut exécuter un certain nombre d'actes, comme se procurer des aliments, les cuisiner et les manger.

(74) *Par l'effet du désir, j'ai été précipité*
Des milliers de fois dans les enfers,
Et cela sans profit,
Ni pour moi ni pour les autres.

(75) *Or la douleur présente est bien moindre*
Et elle est la source d'un grand profit.
Il faut se réjouir d'une douleur
Qui supprime la douleur du monde.

Les épreuves et les souffrances qu'on rencontre en cultivant la patience et la tolérance, en travaillant pour le bien des autres, en étudiant et en entraînant son esprit, sont presque insignifiantes, comparées aux souffrances des mondes inférieurs. Nous pouvons les supporter.

Nous allons maintenant méditer sur la compassion en visualisant un être qui souffre énormément, ou qui se trouve dans une situation dramatique. Essayez d'établir un lien entre lui et vous. Pensez qu'il peut, comme vous, ressentir la douleur, la joie, le bonheur et la souffrance. Puis concentrez-vous sur l'existence malheureuse de cet être, sur sa peine, et essayez d'éprouver un sentiment sincère de compassion pour lui.

Comme d'habitude, nous consacrerons les trois premières minutes de cette séance à la méditation analytique, en réfléchissant à la souffrance, au malheur, etc. Puis nous essaierons de parvenir à une conclusion, en pensant, par exemple : « Je voudrais tant que cet être soit délivré de sa souffrance ; je l'y aiderai. » Enfin nous demeurerons concentrés sans distraction sur cette décision.

Il existe deux types principaux de méditation. Le premier type permet de réfléchir sur un sujet donné, par exemple l'impermanence, ou la vacuité. Dans ce cas, on se donne simplement l'impermanence ou la vacuité comme objets de réflexion et l'on y concentre son esprit. Le second type de méditation consiste à plonger l'esprit dans un état particulier. Si l'on médite sur l'amour et la compassion, on ne les considère pas comme des objets d'analyse ; on essaie d'amener l'esprit à être amour et compassion.

Il est important de comprendre, je pense, que

lorsque vous cultivez la compassion, par définition vous essayez de partager la douleur des autres. De ce point de vue-là, vous prenez sur vous des souffrances supplémentaires. A cause de cela, le premier sentiment qui surgira en vous sera peut-être un certain malaise. Mais vous devez en même temps conserver une grande présence d'esprit, car vous êtes volontairement et délibérément en train d'accepter et de prendre sur vous la souffrance d'autrui, dans un but élevé. Ce n'est pas la même chose que lorsque vous pensez à votre propre souffrance et que vous êtes submergés, écrasés par elle, au point que vos sens sont engourdis. Le malaise qui survient lorsqu'on prend sur soi la souffrance des autres par compassion s'accompagne d'une présence d'esprit et d'un sentiment de détermination. Plus vous acceptez cette souffrance, plus fort est le pouvoir de votre présence d'esprit et de votre détermination. Souvenez-vous-en.

Il ne faut pas se méprendre non plus sur le sens de certains récits, comme l'histoire de Langri Tangpa, ce grand maître tibétain de l'école des Kadampas qui méditait sur l'amour et la compassion. On dit qu'il était toujours en larmes, ce qui lui avait valu le surnom de « Lama pleureur ». Mais ne vous y trompez pas, son but, lorsqu'il pleurait sans cesse, c'était la joie et le bonheur, pour lui-même et pour les autres, un état appelé *sugata*, c'est-à-dire, littéralement, « parti dans le bonheur ». Il ne pleurait pas parce qu'il voulait souffrir, mais parce qu'il voulait atteindre cet état de félicité, et y conduire les autres.

Q. — Veuillez nous dire quel lien existe entre la peur et la haine, et entre la peur et la patience.

R. — Il existe de nombreuses sortes de peur. Certaines sont réelles, fondées sur des raisons valables. D'autres sont créées par notre esprit. Je pense que le second type de peur, qui est une souffrance, résulte de conséquences à long terme d'actes négatifs passés.

La peur de nos propres émotions négatives est une forme de peur constructive. La peur des autres due à notre état d'esprit négatif peut être prise par les autres pour de l'hostilité. En ce sens, certaines peurs sont parfois liées à la haine. Quant au rapport entre la peur et la patience, je n'en sais rien.

Q. — Au lieu d'apprendre à composer avec la colère des autres, ne pourrait-on pas éviter simplement la compagnie de personnes coléreuses ?

R. — Très juste. En fait, au stade initial, le pratiquant choisit de s'isoler. Mais il s'agit plutôt d'une méthode provisoire que d'une solution à long terme. Cet isolement permet de développer la force intérieure nécessaire ; lorsqu'on retourne dans la société, on est déjà équipé, en quelque sorte. Celui qui s'isole complètement des autres, évite tout rapport avec eux et passe sa vie en méditation dans une retraite solitaire, deviendra peut-être un arhat, un être comparé au rhinocéros.

Q. — Quelle preuve avons-nous de l'existence de la nature de bouddha ? Comment savons-nous que tout le monde la possède, et que nous la possédons nous-mêmes ?

R. — Tout d'abord, selon la pensée bouddhiste, la nature ultime de l'esprit est de n'avoir aucune substance, ou, pour employer le terme technique, d'être « vide ». La perception d'une réalité intrinsèque de l'esprit est donc une illusion, un point de vue distordu qui ne s'appuie pas sur la réalité. Il faut s'en débarrasser. On peut comprendre cela intellectuellement, sans avoir recours aux textes canoniques, simplement par déduction. Mais pour une compréhension véritable, ni le raisonnement déductif ni les autres formes d'analyse ne suffisent ; ils doivent être renforcés par l'expérience de la méditation. En combinant les trois méthodes, on peut parvenir à savoir que la nature ultime de l'esprit est vide, et les illusions enracinées dans la croyance en une réalité intrinsèque de l'esprit peuvent être éliminées.

On peut avoir une idée assez claire de la vacuité essentielle de l'esprit en prêtant attention au fait que la conscience n'est pas d'ordre physique. Elle est immatérielle. Ce n'est qu'une expérience, que le bouddhisme appelle « luminosité ». Le raisonnement déductif peut nous permettre de le comprendre dans une grande mesure, mais pour saisir pleinement la nature vide et lumineuse de l'esprit, il faut avoir recours aux textes canoniques, car il faut pouvoir distinguer entre les différents niveaux de l'esprit. Ces niveaux sont décrits comme quatre degrés de conscience subtile, qui culminent dans la conscience dite « extrêmement subtile », appelée « claire lumière de la nature de l'esprit ». On ne peut pas dire que ces notions sont compréhensibles par la seule raison, sans l'aide des textes.

Le plus important pour comprendre ces choses, c'est notre expérience intérieure. On trouve, certes, dans la littérature du Véhicule des Tantras, des raisonnements à l'aide de métaphores pour tenter d'établir l'existence de ce qu'on appelle les « quatre-vingts conceptions indicatives des états d'esprit subtils » et leur rapport avec les autres niveaux de la conscience subtile. Mais je pense qu'il est très difficile d'arriver à une conclusion satisfaisante uniquement par la logique et le raisonnement. On voit aussi que Maitreya, dans *Le Sublime Continuum*, déclare que nous éprouvons tous le désir inné de chercher le bonheur et d'éviter la souffrance parce que ces deux choses sont possibles. Mais ici, il essaie simplement de dire que la nature de bouddha existe.

Q. — Que pensez-vous de ceux qui enseignent le Dharma, qui parlent et écrivent magnifiquement à son sujet, mais ne le vivent pas ?

R. — Le Bouddha, qui était conscient de cette dérive possible, décrivit sans ambiguïté les qualités nécessaires pour devenir un maître authentique. De nos jours, il semble y avoir un véritable problème. Pour commencer, celui qui enseigne le Dharma ou donne des entretiens sur le Dharma doit réellement avoir étudié et suivi un entraînement. Il doit aussi avoir une certaine expérience, car le Dharma ne relève pas du domaine de l'histoire ou de la littérature, mais de la spiritualité. S'il a vécu de l'intérieur le sujet dont il parle, ses paroles auront du poids. Autrement, elles n'auront que peu d'effet. Celui qui enseigne le Dharma doit prendre conscience de sa responsabilité et s'y préparer. C'est essentiel.

Le lama Tsongkhapa, en s'appuyant sur les paroles de Maitreya dans *L'Ornement des soûtras*, donne la liste des caractéristiques essentielles d'un maître — discipline, paix avec soi-même, compassion, etc. — et résume son propos en disant qu'avant de chercher un maître spirituel, il faut savoir quelles qualités on doit trouver en lui.

Ceux qui désirent devenir des maîtres et avoir des disciples doivent non seulement prendre conscience des qualités qu'on attend d'eux, mais aussi se juger eux-mêmes pour savoir s'ils possèdent ces qualités. Et s'ils en sont dépourvus, ils doivent s'efforcer de les acquérir. Il faut que celui qui enseigne se rende compte des responsabilités importantes qui lui incombent. Si ce qu'il cherche, au fond, c'est l'argent, il est préférable qu'il le gagne d'une autre manière. Si notre motivation profonde n'est pas la bonne, je pense que c'est très regrettable. Nous donnons raison aux communistes, quand ils accusent la religion d'être un instrument pour exploiter le peuple. Le Bouddha lui-même était conscient de cet abus possible. Il déclara qu'il y avait cinq mauvais moyens de gagner sa vie, et qu'il fallait absolument les éviter. L'un de ces moyens consiste à flatter et à tromper nos bienfaiteurs pour qu'ils soient plus généreux.

Les disciples, eux aussi, ont certaines responsabilités. Pour commencer, ils ne doivent pas accepter un maître aveuglément. C'est très important. Vous pouvez apprendre le Dharma de quelqu'un sans le considérer forcément comme un maître, mais plutôt comme un ami spirituel. Observez-le jusqu'au jour où vous le connaîtrez parfaitement bien, et où vous pourrez dire : « Désormais, il (ou elle) peut être mon maître. » Mais jusqu'à ce que vous ayez pleinement confiance en lui, considérez-le comme un ami spirituel et étudiez auprès de lui. Vous pouvez aussi apprendre dans les livres. De nos jours, il existe de plus en plus d'ouvrages de valeur. A mon avis, cela vaut mieux.

J'aimerais revenir sur un point que j'ai déjà abordé il y a une trentaine d'années, au sujet d'un aspect particulier des rapports entre maître et disciple. Comme nous l'avons vu dans le texte de Shantideva, *La Marche vers l'Éveil*, certains enseignements mettent l'accent sur telle ou telle idée, mais, à moins de situer ces idées dans leur contexte, on a de fortes chances de mal les comprendre.

Il en va de même quand il s'agit de relation entre maître et disciple. Parce que le maître joue un rôle essentiel en tant que source d'inspiration, de bénédiction, de transmission, etc., suivre un maître de façon correcte et établir le bon lien avec lui est considéré comme extrêmement important. Dans certains ouvrages, on trouve la prière suivante : « Puissé-je être capable de développer mon respect et ma dévotion pour le maître, afin de voir la pureté dans tous ses actes. »

Il y a trente ans déjà, j'ai déclaré que cette attitude était dangereuse. L'idée de voir la pureté dans tous les comportements d'un maître, de considérer que ses actes sont ceux d'un être éveillé, peut conduire à d'énormes abus. J'ai même affirmé que c'était aussi dangereux que du poison. Certains Tibétains trouveront sans doute cette expression un peu exagérée. Mais plus le temps passe, et plus mon avertissement semble justifié. Quoi qu'il en soit, c'est ma conviction personnelle, et elle s'appuie sur les paroles du Bouddha. Dans le *Vinaya*, qui traite de morale et de discipline monastique — un domaine où les rapports avec le maître sont très importants — le Bouddha déclare qu'il faut respecter son maître, mais que si celui-ci vous donne des instructions allant à l'encontre du Dharma, vous devez refuser de les suivre.

On trouve aussi des paroles explicites à ce sujet dans les soûtras. Le Bouddha y déclare que les instructions du maître qui s'accordent avec la voie générale du Dharma doivent être suivies, et que celles qui s'y opposent doivent être rejetées.

C'est dans la pratique du bouddhisme du Véhicule des Tantras, notamment dans celle du Tantra-yoga supérieur, que la relation entre maître et disciple revêt la plus grande importance. Dans le Tantra-yoga supérieur il existe des pratiques comme le guru-yoga qui sont consacrées à la relation avec le maître. Cependant, là encore, il est précisé qu'on ne peut suivre les instructions du maître qui ne s'accordent pas avec le Dharma. On doit s'expliquer avec lui sur les raisons de notre refus, mais on ne doit pas lui obéir simplement parce que « c'est le maître qui l'a dit ». Ce qu'on nous demande, c'est d'utiliser notre intelligence et notre jugement, et de rejeter les instructions contraires au Dharma.

Dans l'histoire du bouddhisme, on trouve les exemples de grands adeptes comme Tilopa, Naropa, Marpa et Milarepa dont la dévotion absolue pour leur maître peut sembler extrême. Ces maîtres, extérieurement, avaient parfois l'air de parias ou de mendiants, ou se comportaient de façon si étrange que certains en perdaient la foi. Mais lorsqu'ils voyaient la nécessité de renforcer la confiance d'autrui dans le Dharma et dans ce qu'ils représentaient en tant que maîtres spirituels, ils avaient à leur disposition un contrepoids de taille : leur très haute réalisation spirituelle. Pour compenser ce que les autres jugeaient, d'un point de vue conventionnel, comme des excès, ils possédaient des pouvoirs surnaturels. Alors que certains maîtres actuels pratiquent les excès d'un comportement immoral, mais n'ont, en revanche, aucun pouvoir particulier. Cela peut créer de nombreux problèmes.

C'est pourquoi, en tant que disciple, vous devez d'abord observer attentivement ceux qui vous enseignent. Ne considérez personne comme un maître ou un guide avant d'être sûr de son intégrité. Ceci est très important. Même ensuite, si vous discernez certaines tendances malsaines, vous avez la liberté de les refuser. Le disciple doit s'assurer qu'il ne gâte pas trop son maître.

Q. — En dépit de mon profond respect, je persiste à croire qu'il est présomptueux de nier l'existence d'un Créateur. Pourtant, je sais que le bouddhisme enseigne l'humilité. Pourquoi estimez-vous que l'on ne peut tout comprendre par la logique ? S'agit-il simplement d'une autre forme de croyance ? Enfin, quelle place donne-t-on à l'intuition et au sentiment quand on déclare qu'il y a, ou qu'il n'y a pas, de Créateur ?

R. — La position concernant l'inexistence d'un Créateur me semble explicite dans les textes bouddhistes. Dans le *Soûtra du grain de riz,* par exemple, le Bouddha explique que lorsqu'une cause est produite, les effets s'ensuivent. On trouve aussi ce genre de déclarations dans les œuvres des penseurs qui ont suivi, comme Shantideva ou Chandrakirti. Au chapitre neuf de *La Marche vers l'Éveil*, Shantideva expose clairement et en détail la position bouddhiste sur l'idée d'un Créateur. Chandrakirti est également sans équivoque à ce sujet. Au second chapitre de son *Exposé des moyens acceptables de connaissance*, il commente un verset disant que l'être pleinement éveillé est celui qui est *devenu* parfait. L'emploi du verbe « devenir » indique qu'il ne croit pas en un être éternel ou parfait dans l'absolu. Le bouddha Shakyamuni est parvenu à l'Éveil ultime en raison de certaines circonstances, d'un entraînement, d'une évolution. C'est la position bouddhiste.

Il y a, je le rappelle, plus de cinq milliards d'êtres humains et une grande diversité de dispositions mentales. En un sens, nous avons besoin de cinq milliards de religions. Il est évident que, pour certains, le concept d'un Créateur est plus bénéfique. Ils s'y sentent plus à l'aise. Ils ont tout avantage à suivre la tradition qui s'y rapporte. L'essentiel est que chaque individu s'engage dans la voie spirituelle la mieux adaptée à ses dispositions mentales, à son tempérament et à ses croyances.

Vous demandez ensuite d'où peut provenir l'intuition ou le sentiment de l'existence ou de l'inexistence d'un Créateur. Il existe peut-être des explications d'ordre sociologique. Le milieu culturel joue un rôle essentiel. Pour de nombreux Tibétains par exemple, l'intuition d'une vie après la mort ou d'une renaissance est naturelle, innée, instinctive. Il n'y a pas de place pour la contestation.

Le point le plus important, je crois, c'est qu'on a tort d'utiliser les religions ou les philosophies pour soulever des controverses. Contentez-vous de les vivre. Le bouddhisme est l'affaire des bouddhistes, le christianisme celle des chrétiens. C'est clair. Dans un même restaurant, à une même table, on consomme des plats différents, et personne ne fait d'histoires. C'est le droit de chacun.

Q. — Si tous nos actes sont dépendants, comment pouvons-nous choisir d'aller vers l'Éveil ? Le choisissons-nous, ou est-ce simplement la prochaine étape inévitable ?

R. — La progression vers l'Éveil parfait ou la libération ne peut pas être l'effet d'une évolution qui surviendrait au moment opportun. Sans en prendre soi-même la décision ni faire l'effort de s'engager consciemment dans une voie spirituelle qui conduit à la perfection, il est impossible de devenir un être plus éveillé.

Les textes mentionnent seize types de vacuité. Le vide du samsara est appelé « vide sans commencement ni fin », car si l'on ne prend aucune initiative et si on ne fait aucun effort, l'existence sans Éveil se perpétue indéfiniment. Si, en revanche, on entreprend cet effort, elle prend fin.

Il y a dans le second chapitre de *L'Ornement des soûtras* un concept que je trouve très inspirant. Maitreya y évoque cinq caractéristiques du pratiquant du Grand Véhicule et déclare que les êtres se différencient par leurs penchants naturels immédiats : certains sont davantage enclins à suivre la voie de la libération individuelle, alors que d'autres se sentent plus attirés par l'idéal du bodhisattva qui mène à l'Éveil complet, but du Grand Véhicule. Mais, du point de vue de la réalité absolue, les êtres sont tous égaux, imprégnés par la nature de bouddha. Maitreya établit une distinction entre le potentiel des êtres et leur capacité à le réaliser.

(76) *Il est des hommes qui se délectent*
A louer les vertus d'autrui.
Pourquoi, ô mon cœur,
Ne pas y prendre plaisir, toi aussi ?

Après avoir montré comment nous pouvons réagir sans colère lorsque nous-mêmes, nos parents ou nos amis sont agressés, Shantideva montre comment faire de même quand on dit du bien de ceux que nous détestons. Normalement, nous n'aimons pas entendre louer nos ennemis ; cela nous irrite. Cette réaction est parfaitement injustifiée. A la réflexion, celui qui loue notre ennemi en éprouve un certain plaisir. S'il agit de la sorte, c'est que la pensée de notre ennemi le rend heureux. Nous devrions non seulement nous en réjouir mais, si possible, nous joindre à cette louange, plutôt que d'essayer de l'empêcher. Une telle attitude peut nous apporter une véritable joie. Les autres porteront un autre regard sur nous, car celui qui est capable de se réjouir ainsi n'est pas jaloux, il est donc plus heureux et plus agréable à fréquenter.

(77) *C'est un plaisir irréprochable,*
Délicieux, permis par les saints ;
C'est le meilleur moyen
De gagner le prochain.

(78) *C'est un plaisir que tu n'aimes pas ?*
Mais alors, il faudrait avoir la même aversion
Pour les salaires, les aumônes, etc. ;
On gâcherait ainsi cette existence et celles à venir.

« Il est normal, rétorquerons-nous, que je sois jaloux quand mon ennemi est loué par les autres, puisque cette louange le rend heureux. »

Shantideva répond par avance à cette objection en disant que si telle est la raison de notre jalousie et de notre colère, cela veut dire que nous détestons de voir les autres heureux. Dans ce cas, pourquoi faire tant d'efforts pour leur plaire ? Si nous ne supportons pas le bonheur d'un ennemi, pourquoi se démener pour rendre heureux qui que ce soit ?

(79) *On fait ton éloge :*
Tu admets qu'on y prenne plaisir.
On fait l'éloge d'un autre :
Tu ne veux pas y prendre plaisir.

(80) *Tu as suscité en toi la pensée de l'Éveil*
Par désir de rendre heureux tous les êtres.
Comment peux-tu t'indigner contre ceux
Qui se trouvent spontanément heureux ?

Mais ce n'est pas la seule inconsistance, dit Shantideva. Quand on dit du bien de nous, non seulement nous sommes heureux, mais nous attendons que les autres le soient aussi. Cette attitude est en contradiction flagrante avec celle que nous avons envers autrui. Lorsqu'un autre fait l'objet de louanges, son plaisir nous déplaît ; nous en perdons parfois notre paix et notre bonheur.

Pour ceux qui, en bodhisattvas, ont fait vœu de consacrer leur vie à la joie et au bonheur des autres et de les conduire au bonheur absolu, être jaloux du bonheur d'autrui est inepte. Nous devrions avoir le sentiment inverse : puisque, seuls, par leurs propres efforts, les autres trouvent de temps à autre un peu de joie et de bonheur, nous devrions leur être reconnaissants d'y parvenir sans notre aide.

(81) *Tu souhaites, dis-tu, aux êtres*
L'état de bouddha vénérable aux trois mondes ;
Et en présence de vains honneurs,
Tu brûles de jalousie !

(82) *Cette famille dont tu es responsable*
Et que tu dois nourrir,
Subvient seule à ses besoins ?
Et au lieu de te réjouir, tu t'irrites !

Un pratiquant du Grand Véhicule a fait le serment d'amener les êtres à la bouddhéité, le plus haut niveau d'existence qui soit, un état digne de l'hommage de tous les êtres des trois mondes. Comment pourrait-il se laisser ronger par la jalousie en voyant le succès, la joie ou le bonheur d'autrui ?

Supposons que ceux qui dépendent matériellement

et financièrement de nous parviennent seuls à subvenir à leurs besoins et à réussir dans la vie. N'allégeront-ils pas notre fardeau ? Ne serons-nous pas heureux et reconnaissants ? De même, nous qui pratiquons l'esprit d'Éveil et qui, chaque jour, pensons au bonheur de tous et prions pour eux, nous devons nous souvenir que « tous les êtres » signifie chacun d'eux sans exception, y compris nos ennemis, ceux que nous n'aimons pas ou qui nous irritent.

(83) *Que ne souhaite-t-il pas aux êtres,*
Celui qui leur souhaite l'Éveil !
D'où viendrait la pensée de l'Éveil
A qui est jaloux de la prospérité des autres ?

Si nous ne supportons pas la réussite matérielle des autres, si nous ne tolérons pas leur joie, comment pouvons-nous prétendre souhaiter qu'ils accèdent à l'Éveil parfait ? Nous sommes hypocrites, et incapables de faire naître en nous la pensée de l'Éveil.

(84) *Si un autre ne recevait pas cette aumône,*
Elle resterait dans la maison de son bienfaiteur ;
Dans tous les cas elle ne serait pas pour toi.
Que t'importe qu'elle lui soit donnée ou non ?

Lorsque quelqu'un fait un cadeau à notre ennemi, pourquoi en être jaloux ou mécontent ? Si le cadeau reste dans la maison de son ami et ne lui est pas offert, quelle différence cela fait-il pour nous ? Le cadeau ne deviendra pas nôtre pour autant !

(85) *Pourquoi t'écartes-tu des mérites,*
De la foi, des qualités spirituelles ?
Dis-moi, pourquoi ne pas t'emporter
Contre ton manque de mérite à recevoir cette aumône ?

(86) *Non seulement tu ne déplores pas*
Le mal que tu as fait,
Mais tu prétends rivaliser
Avec ceux qui ont fait le bien !

Au fond ce que nous désirons, c'est la richesse ou la réussite matérielles. Être jaloux du succès ou des possessions d'autrui est donc absurde. Car cette jalousie ne fait que détruire les sources de bien, ces empreintes vertueuses qui nous auraient valu plus tard, précisément, la réussite matérielle. Celui qui souhaite vraiment être riche devrait s'en prendre à lui-même de jalouser la réussite des autres.

Quand nous voyons notre ennemi remporter des succès, devenir riche, ou recevoir des louanges, si, au lieu d'être jaloux, amers ou indignés, nous nous réjouissons, nous aurons peut-être une chance de partager avec lui sa bonne fortune. C'est possible. Autrement, dit Shantideva, non seulement nous serons incapables de regretter profondément nos actes négatifs passés, mais nous rivaliserons agressivement avec les conséquences des actes vertueux d'autrui.

(87) *Si un malheur arrive à ton ennemi,*
Pourquoi t'en réjouir ?
Toutes tes mauvaises pensées
Ne l'accableront pas.

(88) *Et fût-il réalisé par ton souhait,*
En quoi ce malheur peut-il faire ton bonheur ?
Si tu dis : « Me voilà satisfait ! »
Quelle meilleure façon de causer ta ruine.

(89) *C'est un hameçon terrible*
Que tendent ces pêcheurs, les passions :
Ils te vendront aux démons infernaux
Qui te feront cuire dans leurs chaudrons.

Si notre ennemi est malheureux, même à cause de nous, de quoi pouvons-nous nous réjouir ? Le fait de vouloir nuire à quelqu'un ou de souhaiter son malheur ne peut, en aucun cas, lui faire du mal. Et même si les événements néfastes, les échecs et les problèmes que nous lui souhaitons se réalisent, y a-t-il là raison d'en être heureux ? Si nous disons que oui, peut-il y avoir un comportement plus vil ?

La haine et la colère sont comme l'hameçon d'un pêcheur. Prenons garde de ne pas nous y laisser prendre.

(90) *Louanges, gloire, honneurs ne servent*
Ni au mérite, ni à la durée de la vie,
Ni à la force, ni à la santé,
Ni au bien-être physique.

(91) *Que trouverait là*
Celui qui connaît son intérêt ?
Autant s'adonner à l'alcool, au jeu, etc.,
Si l'on ne désire que le plaisir des sens !

Ne nous préoccupons pas de la renommée ou de ce que les autres disent de nous, en bien comme en mal. La renommée n'apporterait rien d'important dans notre vie. Choisissons nos priorités. Recherchons ce qui a une véritable valeur, ce qui donne un vrai sens à notre vie, et non une simple réputation qui n'est, après tout, que des sons vides.

Certains objecteront que la renommée est utile, parce que lorsque nous sommes célèbres et que les autres nous louent, cela nous fait plaisir. Mais si c'est là notre but, dit Shantideva, nous pouvons aussi bien passer notre temps à nous enivrer ou à nous droguer, en trouvant cela juste, puisque ces activités procurent, elles aussi, une immédiate satisfaction.

(92) *Et la gloire ! pour elle, les hommes*
Sacrifient leurs biens et leur vie.
Les mots sont-ils donc mangeables ?
Une fois mort, goûtera-t-on ce plaisir ?

Certains sont prêts à sacrifier tout ce qu'ils possèdent, même leur vie, pour devenir célèbres. Mais à y regarder de plus près, quel bienfait retirent-ils de cette gloire ? La célébrité n'est-elle pas que mots creux et sons vides ? Et lorsqu'on meurt, qui reste là pour en profiter ? On veut être célèbre pour en tirer satisfaction. Mais s'il faut sacrifier sa vie pour l'obtenir, à qui servira-t-elle ? Cette obsession de la gloire nous rend ivres, pourtant elle est puérile et absurde.

(93) *Comme un enfant, quand son château de sable*
[est démoli,
Pousse des cris de détresse,
Ainsi m'apparaît mon cœur devant la ruine
De ma réputation et de ma gloire.

Les gens ivres de gloire sont comme des enfants qui s'amusent à bâtir des châteaux de sable au bord de la mer. Ils se prennent tellement au sérieux qu'ils pleurent et hurlent quand leur château s'écroule.

(94) *La louange est un son vide de pensée,*
Dont tu ne peux dire qu'il te loue !
Tu dis qu'un autre est satisfait de toi,
Et que telle est la cause de ta joie.

(95) *Qu'elle s'adresse à un autre ou à moi,*
Que me fait cette satisfaction d'autrui ?
C'est lui seul qui éprouve ce plaisir,
Je n'en ai pas la moindre part.

(96) *Si je me proclame heureux de son bonheur,*
Alors je dois l'être dans tous les cas.
Pourquoi donc le bonheur qu'il trouve dans son affec-
[tion
Pour un autre ne me cause-t-il aucun plaisir ?

(97) *Ainsi la joie naît en moi,*
Parce que c'est moi qu'on loue ;
Et c'est là une conduite
Aussi incohérente que celle d'un enfant.

A bien y réfléchir, ce qui nous rend heureux quand les autres disent du bien de nous, ce n'est pas la renommée en elle-même. Ce n'est pas non plus la louange, car elle est éphémère ; en outre, ce langage n'a, pour ainsi dire, pas l'intention de nous plaire et n'éprouve aucune affection pour nous. Nous dirons peut-être que lorsqu'on dit du bien de nous, cela crée un sentiment de joie et de satisfaction, au moins dans l'esprit de celui qui nous complimente, et c'est pourquoi nous en sommes ravis. Mais dans ce cas, le bonheur de celui qui nous loue se trouve dans son esprit, pas dans le nôtre. Comment pourrions-nous y prendre part ? Mais nous ne voulions peut-être pas dire cela ; nous voulions dire que le fait de nous louer donne à quelqu'un l'occasion d'être heureux. Alors, pourquoi n'éprouvons-nous pas la même chose quand on dit du bien de nos ennemis ? L'auteur des louanges ressent, lui au moins, une sorte de joie ou de bonheur. Notre plaisir à la pensée d'être loué, conclut Shantideva, n'a pas lieu d'être. C'est un sentiment puéril.

(98) *Les louanges ruinent à la fois la paix de l'âme*
Et le renoncement au monde ;
Elles engendrent la jalousie à l'égard des hommes de [mérite
Et dévastent toutes mes qualités.

(99) *Donc, ceux qui se lèvent*
Pour détruire ma réputation
N'ont d'autre fonction
Que de me préserver des lieux de tourment

En fin de compte, être loué par autrui a de nombreux désavantages. Si nous devenons célèbres et que les autres nous couvrent de compliments, nous sommes si occupés et avons si peu de temps libre, que nous sommes distraits de notre pratique spirituelle. Puis, comme tout semble parfait, nous oublions que l'existence sans Éveil est insatisfaisante. Quand nous pensons à la vie dans le samsara, nous nous disons qu'après tout cela ne va pas si mal, que c'est assez plaisant. Lorsque les textes décrivent les défauts du samsara, nous pensons qu'ils ont été composés par des ermites, vivant dans des lieux lointains et solitaires et ne connaissant rien de la réalité du monde. Enfin, la gloire et les louanges nous montent à la tête et nous rendent vaniteux. A mesure que notre orgueil gonfle, nous devenons arrogants, car aux yeux du monde nous avons réussi. Quant à la jalousie, on la constate parfois chez les mendiants, mais avec le succès, c'est pire. Plus on réussit, plus on devient jaloux.

Tels sont les risques que les louanges nous font courir. Réfléchissons-y, car à cause d'elles, c'est en fin de compte notre progrès spirituel qui risque d'être entravé.

(100) *Les biens et les honneurs sont une chaîne*
Qui ne convient pas à mon désir de libération ;
Ceux qui me délivrent de cette chaîne,
Comment pourrais-je les haïr ?

(101) *J'allais pénétrer dans la douleur ;*
Ils sont comme une porte fermée placée devant moi
Par les bénédictions des bouddhas :
Comment pourrais-je les haïr ?

Les textes bouddhistes estiment que huit qualités rendent une existence humaine parfaite, idéale. Parmi ces huit qualités, on trouve la richesse et la réussite sociale, car elles sont considérées comme favorables au développement spirituel : non seulement elles peuvent être un soutien sur la voie, mais elles permettent de travailler plus efficacement au bien des autres.

Toutefois, quand on possède la richesse, l'éducation et d'autres avantages de cet ordre, il est indispensable d'avoir également une discipline intérieure qui permette de veiller à ne pas se laisser corrompre, et à ne pas perdre de vue la nature frustrante de l'existence. Celui qui en est capable considérera les biens matériels de la bonne façon : comme une aide pour progresser spirituellement et secourir les autres. Nous devons toujours agir avec mesure, éviter tout extrême, et en même temps voir comment avancer sur la voie de la manière la plus efficace.

Si nous en sommes conscients, nous pourrons également percevoir ceux qui font obstacle à notre gloire, à notre position ou à notre richesse non comme des ennemis, mais comme des protecteurs qui nous empêchent de nous laisser corrompre par le succès et d'abandonner la voie de l'Éveil.

Shantideva le rappelle, n'oublions pas notre objectif ultime : la libération de la souffrance, la délivrance, le nirvana. Ne nous laissons pas enchaîner par les biens matériels et les honneurs. Pourquoi nous mettre en colère contre ceux, ennemis ou autres, qui nous empêchent de les acquérir, alors qu'en fait ils nous aident à nous libérer de leurs entraves ? Ces fauteurs de troubles sont comparables aux bénédictions des bouddhas : grâce à eux nous ne pouvons pas pousser la porte qui ouvre sur la souffrance.

(102) *« Mais mon ennemi entrave mes bonnes [œuvres ! »*
Mauvaise excuse au ressentiment,
Car il n'est pas d'ascèse comparable à la patience,
Et c'est celle dont il m'offre l'occasion.

« Si mon ennemi détruit mes mérites et mes vertus, ma colère est justifiée », penserons-nous. Erreur, répond Shantideva, car le meilleur moyen de créer des mérites, c'est de cultiver l'amour et la compassion. C'est aussi la pratique du Dharma. Et pour être capable d'amour et de compassion, il est indispensable de pratiquer la patience et la tolérance. C'est pourquoi il n'y a pas de courage ni de pratique supérieurs à la patience. Gardons-nous de la colère lorsque notre ennemi nous agresse ; saisissons cette occasion pour cultiver la patience et la tolérance.

(103) *C'est par ma faute*
Que je ne pratique pas la patience envers lui ;
C'est moi qui place l'obstacle
Devant la bonne œuvre mise à ma disposition.

Si, en raison de nos propres défaillances, nous ne parvenons pas à être patients avec notre ennemi et perdons notre calme, nous nous empêchons de saisir la chance qui s'offre à nous. Nous sommes les seuls à blâmer. En un sens, nous détruisons la source même de notre patience.

(104) *Celui, en effet, sans lequel un autre n'est pas,*
Et par lequel ce dernier existe,
Celui-là est la cause de l'autre :
Comment peut-on l'appeler obstacle ?

Shantideva définit ce qu'on entend par cause. C'est la raison par laquelle un phénomène se produit, et sans laquelle il ne peut avoir lieu. Or, l'occasion de cultiver la patience — ou la tolérance — ne peut se présenter sans l'intervention d'un « ennemi ». Comment oser prétendre que cet ennemi nous empêche de pratiquer la patience, alors qu'il en est la condition indispensable ?

(105) *Le mendiant qui se présente en temps opportun*
N'est pas un obstacle à l'aumône ;
Le religieux qui confère l'ordination
N'est pas un obstacle à la prise de vœu.

S'il se présente un mendiant qui mérite une aumône, peut-on dire que ce mendiant nous empêche de pratiquer la générosité ? Le précepteur qui confère les vœux monastiques est-il un obstacle à l'ordination ?

(106) *Les mendiants sont communs dans le monde,*
Rares les offenseurs,
Car si je n'offense personne,
Personne ne m'offensera.

(107) *Un ennemi acquis sans effort,*
C'est un trésor surgi dans la maison ;
Il doit m'être cher,
Cet auxiliaire de ma carrière spirituelle.

Pour qui veut cultiver la générosité, les mendiants ne manquent pas. En comparaison, les occasions de pratiquer la patience sont rares. Pour qu'un autre nous cause du tort, il faut généralement qu'on l'ait provoqué. Par conséquent, lorsque nous rencontrons quelqu'un qui nous nuit, soyons-lui reconnaissants. Ressentons le même bonheur que si nous avions trouvé un trésor dans notre propre maison, et remercions cet ennemi de l'occasion précieuse qu'il nous offre.

(108) *Nous avons droit tous deux*
Aux fruits de la patience ;
Mais c'est à lui qu'ils doivent être offerts les premiers,
Puisqu'il est la cause première de ma patience.

Si nous réussissons à cultiver la patience et la tolérance, c'est grâce à la combinaison de nos efforts et de la chance offerte par nos ennemis. C'est à ces ennemis que nous devons dédier le fruit de notre patience.

(109) « *Mon ennemi n'a pas l'intention de perfection-*
[ner ma patience :
Il ne mérite donc pas que je l'honore ! »
Mais alors, pourquoi honorer le Dharma
Qui n'est que la cause inanimée de ton perfectionne-
[ment ?

Nous pourrions penser : « Pourquoi devrais-je vénérer mon ennemi et reconnaître sa contribution ? L'occasion qu'il me donne de pratiquer la patience n'est pas volontaire ; il n'a aucune intention de m'aider. » Bien, mais dans ce cas, nous ne devons pas non plus vénérer le Dharma, l'un des Trois Joyaux. Le véritable Dharma veut dire la cessation de la souffrance et la voie qui y conduit, et ces deux choses n'ont aucune intention de me porter secours. Néanmoins, nous considérons le Dharma comme digne de révérence et de respect. Ce qui importe ici, c'est moins l'intention que le résultat.

(110) *« Mais il a dessein de me nuire :*
Je ne saurais honorer mon ennemi ! »
Comment pratiquerais-tu la patience,
Si, comme un médecin, il se dévouait à ton bien ?

(111) *C'est son hostilité*
Qui conditionne la patience,
Et cette cause de la patience,
Tu dois l'honorer comme le saint Dharma.

A nouveau, nous pourrions rétorquer : « Certes, vous avez raison en ce qui concerne le Dharma : la voie et la cessation de la souffrance n'ont pas l'intention de nous aider, et pourtant nous les vénérons. Mais un ennemi ! Non seulement il ne désire aucunement m'apporter de l'aide, mais il a l'intention de me nuire. Il ne mérite donc ni respect ni vénération. »

C'est précisément cette pensée malveillante, cette intention de nuire, qui rend l'action de notre ennemi si précieuse ! S'il n'était question que du mal qu'il nous fait, les médecins seraient aussi nos ennemis puisque, sans mauvaise pensée, ils utilisent parfois des méthodes douloureuses. Pourtant, nous ne pensons pas qu'ils agissent mal ou se comportent en ennemis. Pourquoi ? Parce qu'ils veulent nous aider. C'est bien cette intention de nuire, cette détermination, qui confère à l'ennemi une qualité exceptionnelle et nous donne une précieuse occasion de pratiquer la patience.

Voilà pourquoi nous devons considérer notre ennemi comme digne de vénération, au même titre que le Dharma sacré, car il est la cause de notre patience.

Méditation

Nous allons utiliser cette période de méditation silencieuse pour pratiquer *tong-len*, qui signifie « prendre et donner ». Vous visualiserez, d'un côté, des êtres qui sont dans la souffrance et qui ont désespérément besoin d'être aidés. D'un autre côté, vous vous visualiserez vous-mêmes sous l'aspect d'une personne égoïste totalement indifférente au bien-être et aux besoins des autres. Imaginez que vous vous observiez de façon neutre. De quel côté votre sentiment naturel penche-t-il ? Votre compassion va-t-elle spontanément vers les êtres faibles dans le besoin, ou bien êtes-vous davantage attirés par le personnage qui incarne l'égocentrisme ? Ensuite, tournez-vous vers les malheureux et offrez-leur mentalement votre énergie positive, vos succès, vos mérites, tout ce que vous avez de bon. Puis prenez sur vous leur souffrance, leurs problèmes, ce qui en eux est négatif.

Dans cet exercice, lorsque vous éprouvez une compassion profonde devant la souffrance d'un autre, ce ne doit pas être en pensant qu'il s'agit d'un ami ou d'une personne de votre famille. Vous ne le connaissez même pas, mais parce que c'est un être humain comme vous, votre capacité innée de compassion vous permet de lui tendre la main.

Imaginez, par exemple, un enfant africain innocent qui meurt de faim, et observez votre réaction naturelle. Pensez que l'enfant ne peut pas, seul, soulager sa misère. Mentalement, prenez sur vous sa souffrance, sa faim, sa pauvreté, son angoisse, et offrez-lui votre confort, votre succès, votre richesse et ce que vous possédez d'agréable. Entraînez-vous ainsi à prendre et à donner.

Au moment où vous attirez à vous la souffrance et les difficultés des autres, il est utile de visualiser celles-ci sous l'aspect de substances toxiques, d'armes dangereuses, de choses qui vous font normalement frémir d'horreur, ou d'animaux dont vous ne supportez pas la vue. Pensez que vous les absorbez directement dans votre cœur. Si cette visualisation est réussie, vous éprouverez un léger malaise. C'est le signe que votre pratique atteint son but, c'est-à-dire qu'elle ébranle votre attitude égocentrique habituelle.

Cette pratique peut ne pas convenir à ceux qui ont du mal à se percevoir de façon positive, ceux qui se haïssent ou se méprisent. Ils devront juger par eux-mêmes.

Q. — Shantideva semble dire que la décision de cultiver l'esprit d'Éveil ou de prendre la voie du bodhisattva est d'ordre purement intellectuel. A quel moment écoute-t-on son cœur ?

R. — Le bouddhisme considère trois étapes de la connaissance. La première étape est celle de l'écoute, ou de l'étude. C'est le stade initial où l'on apprend en écoutant quelqu'un ou en lisant des livres. Vous acquérez alors une certaine compréhension. A la deuxième étape, vous réfléchissez et vous vous familiarisez avec ce que vous avez lu ou écouté, et votre compréhension devient plus claire. Vous commencez à ressentir certaines choses, à faire certaines expériences. Le troisième stade est appelé « sagesse acquise en méditant ». Il correspond au moment où non seulement vous comprenez le sujet intellectuellement, mais où vous le ressentez au moyen de l'expérience méditative. La connaissance fait alors partie intégrante de vous-mêmes.

Au stade initial, vous pouvez discerner une sorte de différence, d'intervalle, entre l'intellect et l'objet de connaissance. Mais au niveau de la connaissance méditative, cette différence n'existe plus : la connaissance provient de l'expérience directe. Il existe quelques cas exceptionnels d'individus qui peuvent se passer de cette procédure, mais en général nombre de pratiques du Dharma exigent un effort conscient et ne se maîtrisent pas comme par magie. Pour les maîtriser, il faut suivre différentes étapes. Cette progression dans la compréhension confère à la connaissance, une fois acquise, un aspect plus vécu, plus proche du cœur et plus spontané.

Il en va de même pour nos illusions et nos émotions négatives. Elles surgissent naturellement. Mais si, lorsque la colère ou la haine jaillissent en nous, nous ne lui accordons pas d'importance, il y a moins de chances qu'elles prennent de l'ampleur. Si, au contraire, nous ressassons les comportements déloyaux d'autrui et les injustices que nous avons subies, ces pensées nourrissent notre haine en décuplant sa force et son intensité. De façon analogue, lorsque nous éprouvons du désir pour quelqu'un, si nous pensons à la beauté de cette personne ou aux qualités que nous lui supposons, nous renforçons notre désir. Et plus nous nous figeons dans cette attitude, plus notre attachement se développe. Cela nous montre que les émotions négatives, elles aussi, deviennent plus fortes lorsqu'on pense et qu'on s'accoutume à elles.

On apprend par l'étude, la lecture ou l'écoute. Puis on réfléchit à ce que l'on a appris, on l'analyse, et la compréhension commence à se faire jour. En tibétain on appelle ce stade *nyams 'og tu chud pa*, ce qui signifie : « sentir que l'on saisit ». Il y a un sentiment de familiarité, d'affinité avec le sujet, de sorte qu'il ne vous semble plus étranger. En poursuivant ce processus d'accoutumance, on parvient à connaître par l'expérience. En termes techniques, cela s'appelle l'« expérience fondée sur l'effort », car cette expérience exige un effort conscient et soutenu. Si vous persévérez, votre expérience devient peu à peu spontanée, presque comme une seconde nature. Vous n'avez alors plus besoin de passer par les étapes de réflexion, ni de fournir un effort délibéré. Prenons l'exemple de la compassion. Alors qu'avant vous deviez passer par le processus de la pensée et de la méditation, à ce moment-là vous éprouvez un sentiment sincère et spontané à la vue d'un être qui souffre. Ce stade est appelé « expérience spontanée libérée de l'effort ».

Il semble y avoir un processus graduel. Mais n'allez pas croire que la spontanéité et la compréhension intellectuelle empruntent des voies totalement différentes, comme si elles n'avaient rien à voir l'une avec l'autre. En réalité, toute expérience, ou toute compréhension, qui passe par ce processus d'entraînement intellectuel est stable et durable. Par contraste, vous pouvez avoir une expérience spontanée qui vous semblera, sur le moment, d'une puissance saisissante. Mais si la compréhension intellectuelle fait défaut, elle ne durera pas. Elle se dissipera au bout de quelques jours, sans avoir eu beaucoup d'effet, et vous retournerez à votre moi ordinaire. Vous ne pouvez pas vous fier à ce type d'expérience.

Je pense qu'il existe différents niveaux d'expérience. Si je prends mon exemple personnel, il y a eu une époque où l'esprit d'Éveil m'apparaissait comme de simples mots. J'en comprenais bien sûr le sens littéral, mais je ne ressentais pratiquement rien. Même chose avec la vacuité : je pouvais parler de sa signification, mais c'était tout. Puis j'ai réfléchi, pendant des années, des décennies, jusqu'au jour où ces mots, dans mon esprit, n'ont plus été de simples mots, mais quelque chose de plus.

Q. — J'ai plusieurs enfants en bas âge et je suis soutien de famille. Ma vie quotidienne me laisse peu de moments libres. Mon milieu social est assez laïque et peu favorable à la pratique du Dharma, bien qu'il n'y soit pas hostile. Dans ces circonstances, je suis un peu déconcertée par tout ce qu'implique la pratique du Dharma, mais je désire quand même changer en bien et faire des efforts pour cultiver la discipline mentale, l'esprit d'Éveil et la sagesse. Quelles sont, selon vous, les priorités d'une débutante qui veut pratiquer dans ces conditions ?

R. — Même moi, si je le voulais, je pourrais continuellement me plaindre du manque de temps. Je suis très occupé. Cela dit, en faisant un effort, on peut toujours trouver un peu de temps, tôt le matin par exemple. Vous pouvez utiliser les moments libres, comme les week-ends, ou sacrifier quelques distractions. Si vous êtes suffisamment déterminée, vous arriverez peut-être à vous réserver une demi-heure le matin et une autre le soir. C'est possible.

Je pense que l'important, pour commencer, est d'acquérir une bonne compréhension générale, une vue globale des principes fondamentaux de la voie bouddhiste. Si vous réfléchissez sérieusement et saisissez le vrai sens de la pratique du Dharma, vous comprendrez que le Dharma concerne nos états mentaux. Si vous pensez que la pratique du Dharma se réduit à des exercices physiques, des récitations ou des psalmodies, vous aurez besoin de lui consacrer un moment particulier de la journée. Vous ne pouvez pas vaquer à vos occupations quotidiennes, comme faire la cuisine, en récitant des mantras. Cela pourrait énerver les personnes qui vous entourent. Mais si vous comprenez le Dharma, vous saurez qu'il concerne votre bien-être intérieur. A partir de là, il est possible de le pratiquer vingt-quatre heures sur vingt-quatre.

Si vous vous trouvez dans une situation telle que vous risquez d'insulter quelqu'un, prenez les précautions nécessaires pour vous refréner. Si vous voyez que les circonstances sont telles que vous allez perdre votre calme, soyez sur vos gardes et dites-vous que la colère n'est pas la bonne solution. Si vous méditez sur la nature changeante des phénomènes, vous trouverez d'innombrables exemples autour de vous pour vous rappeler l'impermanence. Voilà des pratiques du Dharma. Pour cela, vous trouverez toujours du temps. L'important est de commencer par l'étude, car, sans connaissance, il est difficile de pratiquer.

Q. — Que diriez-vous à un être cher qui parle de quelqu'un d'autre avec haine et colère ? D'une part, vous avez envie de manifester votre compassion pour cet ami, et d'autre part, vous ne voulez pas attiser, ni même approuver sa haine. Que peut-on lui dire ?

R. — J'aimerais vous raconter une histoire. Il y avait autrefois un maître kadampa appelé Gampowa, qui avait de nombreuses responsabilités. Il se plaignit un jour à Dromtonpa, un autre maître kadampa, qu'il n'avait pas le temps de méditer ou de suivre d'autres pratiques du Dharma. Dromtonpa commença par lui donner raison : « C'est vrai ; moi non plus, je n'ai pas une minute. » Puis, une fois ce lien établi, il ajouta : « Mais, vous savez, ce que je fais, c'est pour servir le Dharma ; je suis donc satisfait. » De la même façon, si vous voyez un de vos proches parler en mal de quelqu'un, par haine ou par colère, vous pouvez commencer par l'approuver et manifester votre sympathie. Puis, une fois que vous avez gagné sa confiance, vous pouvez ajouter : « Mais... »

Q. — Pourriez-vous nous expliquer plus en détail ce que sont les moyens habiles ?

R. — C'est difficile. C'est un sujet complexe, qui comporte différents niveaux de subtilité. En comparaison, l'aspect « sagesse » de la voie est plus facile à comprendre.

En règle générale, on peut définir les moyens habiles, c'est-à-dire l'aspect « méthode » de la voie, comme les pratiques, les méditations et tous les autres aspects de la voie qui relèvent de la vérité conventionnelle. La vérité conventionnelle, c'est les apparences, et la vérité ultime, la vacuité. Les techniques, méditations et autres pratiques liées à la réalité ultime représentent l'aspect « sagesse » de la voie.

Beaucoup de moyens habiles, parmi lesquels figurent l'amour ou la compassion, ne sont pas de nature cognitive ; ils font appel à notre côté affectif ou émotionnel. L'aspect « sagesse » est davantage lié à la compréhension. Mais il est difficile d'expliquer en détail ce que veulent dire exactement les moyens habiles.

Q. — Selon l'un des préceptes de bodhisattva, il faut pardonner à celui qui s'excuse. Mais que faire si la personne ne s'excuse pas ? Faut-il demander des excuses à ceux qui nous ont fait du tort ? Quel est le rapport entre le pardon et la patience ?

R. — La raison pour laquelle on demande au bodhisattva d'accepter les excuses d'autrui est que, s'il les refuse, l'autre s'en offusquera. Il pensera qu'on ne lui a pas pardonné. Ce précepte sert à protéger autrui, à faire en sorte qu'il ne s'offense pas. Si celui qui vous a fait du tort ne vous présente pas ses excuses, il est inutile de les lui demander. Cela ne ferait que le mettre encore plus mal à l'aise.

Q. — J'ai du mal à croire en la réincarnation. Quel est le meilleur moyen d'y croire ?

R. — Votre problème est compréhensible. Cela arrive même à nous, les Tibétains, qui pensons n'avoir aucun doute sur la renaissance. Si nous examinons honnêtement en quoi consiste notre croyance, nous

nous trouvons parfois en face d'un problème, parce que, contrairement aux objets matériels qui nous entourent, au sujet desquels nous disposons de preuves concrètes, la réincarnation est un domaine dans lequel il est difficile d'arriver à une ferme conviction.

Toutefois, si vous demandez à ceux qui doutent de la réincarnation ou nient qu'elle soit possible sur quels critères ils se fondent, ils finissent par répondre qu'ils n'ont simplement pas envie d'y croire.

Les systèmes philosophiques traditionnels peuvent, *grosso modo*, être classés en deux catégories : ceux qui croient à la renaissance ou à la réincarnation, et ceux qui ne l'acceptent pas ou nient son existence. Quand on étudie bien le second point de vue, on s'aperçoit que si ses défenseurs refusent de croire à la renaissance, ce n'est pas parce qu'ils ont trouvé la preuve de son inexistence, mais parce qu'ils n'ont aucune preuve de son existence. Il est important d'établir la différence entre ne pas avoir trouvé de preuves de l'existence et avoir trouvé des preuves de l'inexistence. Ce n'est pas la même chose.

Ici, il faut bien comprendre comment nous nous servons d'une preuve, que ce soit pour prouver ou pour réfuter. Il faut savoir à quel domaine s'applique un raisonnement ou une argumentation. Nous avons, par exemple, des raisonnements selon lesquels la réalité d'un phénomène précis doit pouvoir être découverte par telle méthode d'analyse particulière. Si le résultat de cette analyse est négatif, on peut l'utiliser comme preuve que le phénomène en question n'existe pas. Mais on ne peut tout analyser de cette façon.

Pour en revenir à la renaissance, il faut la comprendre en termes de continuité du principe conscient. Vous ne pouvez pas la définir comme une continuité physique, encore moins en considérant ce que devient l'esprit après la mort. Même de notre vivant, nous avons beaucoup de mal à découvrir ce qu'est exactement la conscience. Quels sont ses liens avec le corps ? Existe-t-il ou non une entité indépendante et immatérielle appelée conscience ? La conscience n'est-elle qu'une illusion ? C'est un domaine difficile à saisir, qui ne fournit pas de réponses claires et précises selon les critères de la science moderne.

D'un autre côté, vous pouvez rencontrer, même de nos jours, des êtres hors du commun, capables de se souvenir de ce qu'ils ont vécu dans des vies antérieures. Certains autres arrivent par la méditation à vivre des expériences troublantes.

Quatrième jour

PREMIÈRE SÉANCE

Nagarjuna rend hommage au Bouddha Shakyamuni en louant en lui le maître de la philosophie de la vacuité, celui qui enseigna que toutes choses sont dénuées d'existence en soi, bien qu'elles puissent remplir une fonction et produire un effet. Pour que ce concept de vacuité devienne clair, il faut comprendre la nature interdépendante des phénomènes.

On trouve dans les textes madhyamika de nombreux raisonnements visant à prouver que les choses n'ont pas de réalité en soi. On y analyse, par exemple, la manière dont surgissent les concepts ou les appellations ; en examinant leur nature, on arrive à la conclusion qu'ils sont dénués de réalité. On trouve aussi des raisonnements appelés « examens de l'identité des phénomènes et de leur différence », d'autres servant à analyser les phénomènes du point de vue de leur capacité à produire un effet, et ainsi de suite.

De ces raisonnements, celui de Nagarjuna portant sur la production en dépendance est le plus remarquable. Lorsqu'on établit qu'une chose ou un événement sont dépourvus de réalité en soi, parce qu'ils surgissent en dépendance d'un autre élément, on ne nie pas leur existence ; on montre simplement que leur existence ou leur identité sont liées à d'autres phénomènes. Ce qui rend ce raisonnement unique, c'est qu'il conduit à la « voie du milieu », qui échappe à deux points de vue dits « extrêmes » : celui de l'existence absolue, car on ne croit pas que les choses ont une réalité en soi ; et celui du nihilisme, car on ne nie pas l'existence ou l'identité des phénomènes : on accepte l'existence « formelle », dépendante. Le surgissement continu des choses se comprend en termes d'interactions et de relations mutuelles.

C'est pourquoi Chandrakirti déclare, dans *L'Entrée dans la voie du milieu*, que lorsqu'on a compris que les phénomènes sont par nature interdépendants et que leur existence et leur identité découlent de ces liens réciproques, on est capable de comprendre le concept bouddhiste fondamental de causalité. On peut alors réfuter l'hypothèse de phénomènes spontanés ou sans causes, puisque les choses viennent à l'existence par l'interaction de différents facteurs, grâce au jeu de causes et de conditions. On peut aussi réfuter l'idée d'une création par un être indépendant, absolu, car là encore la causalité s'entend comme une production conditionnée. On réfute enfin l'idée qu'une chose puisse surgir de causes identiques à elle-même ou indépendantes d'elle-même. On est capable de se libérer de ces « extrêmes », et d'accepter le concept fondamental de causalité dans sa véritable signification.

Toutefois, gardons à l'esprit que lorsqu'on tente de comprendre comment les choses et les événements viennent à exister uniquement en dépendance de causes et de conditions, on se heurte à un certain nombre de problèmes.

Prenons l'exemple de nos *skandhas*, ou agrégats. Le plus subtil des cinq agrégats est le continuum de la conscience, qui est lié au sentiment général d'un moi — sans caractéristique particulière d'espèce, d'ethnie, etc. Le concept d'identité personnelle est fondé sur ce continuum. Ce sentiment de moi est sans commencement. On ne peut dire que le moi que nous croyons associé à notre identité en tant qu'être humain appartient à une existence ou à une autre en particulier. On ne peut pas dire qu'il s'agit d'un être humain ; on ne peut pas non plus dire que c'est un animal. On peut juste affirmer que c'est un être.

En raison de leur continuum, le moi, de même que son fondement l'agrégat subtil, naissent de leur instant précédent, né lui-même de l'instant d'avant, et ainsi de suite, puisqu'il s'agit d'un processus continu. Il n'est pas produit par le karma, car le karma, en tant que processus qui se perpétue, n'a aucun rôle à jouer dans la continuité elle-même. Ce n'est qu'un mécanisme naturel perpétué par ce continuum.

Si nous considérons ces faits à un niveau un peu plus grossier, celui de l'existence humaine par exemple, nous avons un corps humain, une identité humaine qui nous conduisent à dire : « Je suis un être humain. » C'est là que le karma entre en jeu. Ce sentiment de moi particulier, ainsi que les agrégats sur lesquels il se fonde, sont produits par le karma. Lorsqu'on parle de corps humain ou d'existence humaine, on désigne les conséquences d'un karma positif, autrement dit le résultat d'actions vertueuses accumulées dans le passé.

Considérons le corps humain lui-même. Les bouddhistes estiment qu'en général il résulte d'un bon karma. Mais si l'on cherche son origine, on trouve les substances reproductrices des parents ; puis, en continuant à remonter le temps, on arrive jusqu'au moment où notre univers était pur espace vide.

Selon la cosmologie bouddhiste, toute la matière est contenue dans ce qu'on nomme les « particules spatiales » dont l'existence est antérieure à l'évolution d'un système de mondes particulier. Là encore, le fait que le principe causal entraîne la matière à se perpétuer est une loi naturelle, dans laquelle le karma ne joue aucun rôle.

On peut alors se demander à quel moment, ou à quel stade, ce karma entre en scène. A partir de l'espace vide, la continuité des « particules spatiales » donne naissance à divers arrangements de particules qui aboutissent, selon la théorie scientifique, à des structures moléculaires. Ces structures deviennent de plus en plus complexes, et leurs combinaisons sont perceptibles aux êtres qui peuplent le monde. Autrement dit, la matière se retrouve liée à l'expérience individuelle du plaisir et de la douleur. A mon avis, c'est à ce moment que le karma entre en scène. J'aimerais que vous réfléchissiez à ce sujet difficile.

En raison de cette complexité, il existe, dans la littérature bouddhiste, divers courants de pensée. On y définit également quatre principes clés censés gouverner le monde naturel. Les trois premiers sont appelés « principe de loi naturelle », « principe de dépendance » et « principe de fonction ». Sur la base de ces trois principes, on peut appliquer la logique ou le raisonnement. C'est ce qu'on appelle le « principe de preuve logique ». A moins d'avoir certaines bases sur lesquelles s'appuyer, on ne peut accéder à la logique ou au raisonnement.

S'il est possible de comprendre les lois de la chimie, c'est parce qu'il existe certains principes appelés « principe de dépendance » et « principe de fonction ». Lorsque des substances interagissent, elles donnent naissance à des propriétés nouvelles. Ceci permet de comprendre les propriétés qu'elles possèdent en se combinant, et c'est ainsi que nous pouvons saisir les lois de la chimie.

On peut se demander pourquoi il existe, dans le monde naturel, un domaine de la matière et un domaine de l'esprit, comme s'ils étaient donnés d'avance. Il n'y a pas de réponse rationnelle à cette question. Il en va simplement ainsi.

A la lumière de ces considérations philosophiques, on parvient à la conclusion que les choses sont en fin de compte dépourvues d'existence ou d'identité en soi.

Elles n'existent et ne possèdent une identité qu'en relation avec d'autres facteurs, d'autres causes et d'autres situations. Croire le contraire, c'est se méprendre, c'est être dans l'ignorance. Lorsqu'on comprend la nature vide des phénomènes, on voit clairement l'illusion engendrée par cette méprise, car on perçoit le monde de façon diamétralement opposée. Dès lors, il est possible de mettre fin à cette vision distordue. C'est la raison pour laquelle nous pensons que l'ignorance fondamentale et les aberrations qu'elle engendre peuvent, finalement, être éliminées.

Poussant la discussion plus avant dans *Le Sublime Continuum*, Maitreya donne trois raisons de conclure que l'essence de la bouddhéité imprègne l'esprit de tous les êtres. Premièrement, dit-il, les activités du Bouddha rayonnent dans le cœur de tous les êtres. Cette phrase peut s'interpréter de deux façons. On peut comprendre que chaque individu possède en lui une graine de bien, et voir en cette graine l'action du Bouddha compatissant et totalement éveillé. La phrase peut aussi avoir un sens plus profond ; elle peut vouloir dire que les êtres possèdent en eux le potentiel de la perfection, et qu'il y a une sorte d'être parfait qui rayonne dans chacun de nous. Deuxièmement, du point de vue de la réalité ultime, samsara et nirvana sont parfaitement identiques. Troisièmement, l'esprit de tous les êtres est dépourvu de réalité en soi ou d'existence indépendante, ce qui rend possible l'élimination des états négatifs et des illusions qui obscurcissent la conscience. Pour ces trois raisons, Maitreya conclut que tous les êtres ont en eux l'essence de la bouddhéité.

Pour que cette graine qui est dans notre esprit devienne active, il est nécessaire de cultiver la compassion universelle. On est alors inspiré par la voie du Grand Véhicule. Et pour cultiver la compassion universelle, il est indispensable de pratiquer la patience et la tolérance. Revenons donc à la patience.

(112) « *Les êtres sont un champ de mérite,*
Comme les bouddhas », a dit le Maître,
Car en honorant les uns comme les autres,
Beaucoup ont atteint l'autre rive de la perfection.

Nos ennemis et ceux qui nous font du tort nous donnent de précieuses occasions de pratiquer la patience et d'accumuler de grandes quantités de mérites. C'est pourquoi le bouddha Shakyamuni déclare qu'ils sont comparables aux bouddhas en tant que « champs de mérite », c'est-à-dire en tant que sources ou fondements de notre mérite.

(113) *C'est par les êtres, comme par les bouddhas*
Qu'on obtient les vertus d'un bouddha ;
Or, la vénération qu'on témoigne aux bouddhas,
On la refuse aux êtres : pourquoi cette différence ?

Ceux qui comprennent cette vérité et réjouissent les êtres atteindront la perfection. Les êtres pleinement éveillés et les êtres ordinaires sont égaux dans la mesure où ils contribuent de la même manière à nous faire atteindre la perfection. Pourquoi les distinguer ? Pourquoi vénérer les uns, et non les autres ? Pourquoi ne pas révérer et respecter aussi les êtres et reconnaître leur contribution ?

Nous avons plus de chances de créer quantité de mérites avec les êtres qu'avec le Bouddha. Avec le Bouddha, nous pouvons cultiver la foi et la confiance, faire des offrandes, etc., mais beaucoup de pratiques contribuant à accroître les mérites ne sont possibles qu'en relation avec d'autres êtres. De même, pour obtenir une renaissance favorable dans le futur, nous avons besoin de pratiquer une voie spirituelle et d'observer une éthique — c'est-à-dire de nous garder, mentalement, verbalement et physiquement, de commettre des actes négatifs tels que le meurtre, l'inconduite sexuelle, le vol, le mensonge, etc. Or tous ces actes sont liés à autrui ; nous ne pouvons les accomplir dans le vide.

De plus, lorsqu'on a obtenu une forme d'existence favorable, telle qu'une existence humaine, les qualités que nous considérons comme désirables — beauté physique, richesse, etc. — sont, elles aussi, la conséquence d'actes positifs ou vertueux. La beauté physique résulte de la patience et de la tolérance, et la richesse, de la générosité. Or la pratique de ces vertus n'est possible qu'en présence d'autrui.

C'est vrai si notre but se limite à l'obtention d'une renaissance favorable ; c'est encore plus vrai si l'on désire la libération du samsara. La voie vers l'Éveil ultime comprend de nombreuses pratiques telles que l'amour et la compassion qui, sans interaction avec les autres, ne peuvent même pas être commencées.

La contribution des êtres ordinaires à nos mérites semble plus importante que celle des bouddhas.

Considérons à présent la sagesse — la vision pénétrante de la nature vide des choses. Cette sagesse est très puissante. En tant que pratiquants, nous devons y aspirer. Mais si elle n'est pas complétée par la méthode, c'est-à-dire par l'esprit d'Éveil, elle ne pourra jamais, quelle que soit sa force, servir d'antidote aux voiles qui nous masquent la connaissance.

Ne serait-ce que pour mener ce qu'on entend d'habitude par une vie heureuse et pleine de joie, certains facteurs sont nécessaires ; notamment une bonne santé. Or, de nouveau les autres ont un rôle à jouer, car la santé ne s'acquiert pas sans mérites, qui eux-mêmes dépendent de l'aide d'autrui. Si nous examinons de près les objets matériels que nous utilisons pour mieux profiter de la vie, nous sommes obligés d'admettre qu'il n'en est pas un seul qui provienne entièrement de nous. Ces commodités résultent, directement ou indirectement, de l'effort de nombreux êtres.

Pour vivre heureux, nous avons besoin d'avoir de bons amis, ou des compagnons. Il s'agit à nouveau de rapports avec les autres. Ces rapports ont beau s'accompagner parfois de nombreuses querelles et autres difficultés, conserver des amitiés et entretenir un minimum de rapports avec les autres est indispensable à notre bonheur. Même la santé, la richesse et l'amitié sont liées aux efforts et à la coopération d'autrui.

Ainsi, non seulement dans la vie de tous les jours, mais aussi sur la voie, et même au stade de la bouddhéité, les êtres semblent jouer un rôle plus important pour nous que les bouddhas. Les bouddhas sont parfaitement éveillés ; ils sont peut-être précieux et sacrés, mais pour ce qui est de la bonté et de la contribution à notre bien-être, les êtres ordinaires les surpassent, et c'est envers eux que nous devons éprouver la plus grande gratitude.

On peut aussi dire que les bouddhas ont parfaitement accompli leur réalisation personnelle. Ils n'ont plus rien d'autre à faire que de servir les autres. C'est leur devoir, leur travail. A la limite, il n'y a là rien d'admirable ou de surprenant. En revanche, les êtres ordinaires sont pleins de faiblesses. Leurs erreurs, leurs illusions, leurs émotions négatives sont intactes. Et malgré tout, ils contribuent de façon inestimable à notre bonheur. Notre reconnaissance envers eux doit en être d'autant plus grande.

Si nous nous demandons lesquels, des bouddhas ou des êtres ordinaires, sont les plus bienveillants à notre égard, nous nous apercevrons que les propos de Shantideva dans *La Marche vers l'Éveil* ne sont pas si exagérés qu'ils le paraissent.

Que veut-on dire alors par « les bouddhas et les êtres sont égaux » ? Cette égalité, répond Shantideva, ne veut pas dire que les bouddhas et les êtres ont la même réalisation, mais qu'ils sont des partenaires indispensables dans notre effort pour créer des mérites et parvenir à l'Éveil.

(114) *La grandeur de l'intention se mesure*
Non à l'intention elle-même, mais à ses effets ;
Les êtres ont donc une grandeur égale à celle des
[bouddhas,
Ils vont de pair avec eux.

(115) *La vénération qui s'attache à l'homme bon,*
Voilà la grandeur de l'homme ;
Le mérite que produit la dévotion aux bouddhas,
Voilà la grandeur des bouddhas.

(116) *Les êtres sont donc semblables aux bouddhas*
Car tous deux permettent d'atteindre la bouddhéité ;
Mais aucun être n'est en réalité semblable aux
[bouddhas,
Océans de qualités infinies.

(117) *Ceux-ci concentrent en eux*
L'essence de toutes les qualités :
Qu'un seul atome s'en trouve dans les êtres,
Les trois mondes ne seraient pas pour eux un hom-
[mage suffisant.

(118) *Or les êtres contribuent*
A faire lever en nous les vertus d'un bouddha.
Il est certainement juste de les vénérer,
Puisque, en cela au moins, ils valent les bouddhas.

Si nous estimons que l'esprit d'Éveil et la bonté sont dignes de vénération, alors nous devons estimer que les êtres le sont aussi, puisque la grandeur des premiers provient de la grandeur des seconds. De même, les mérites acquis par la foi envers les bouddhas sont vertueux par la grandeur des bouddhas. C'est ainsi que les bouddhas et les êtres ordinaires sont dits égaux.

Il serait impossible de payer les êtres en retour, même si on leur faisait assez d'offrandes pour remplir les trois niveaux du monde. Au moins en ce qui concerne leur bonté envers nous, ils méritent autant d'être vénérés que les bouddhas.

(119) *D'ailleurs, quel autre moyen avons-nous*
De nous acquitter envers les bouddhas,
Ces amis sincères, ces bienfaiteurs incomparables,
Que de faire plaisir aux êtres ?

(120) *Pour les êtres, ils déchirent leur corps,*
Ils pénètrent dans l'enfer : ce que l'on fait pour les [êtres,
On le fait par gratitude pour les bouddhas.
Il faut donc faire le bien, même à nos pires enne- [mis.

(121) *Alors que mes maîtres eux-mêmes*
Se dévouent sans réserve pour leurs enfants,
Comment pourrais-je témoigner aux fils de mes [maîtres
De l'orgueil, au lieu d'une humilité d'esclave ?

(122) *Les bouddhas se réjouissent quand les êtres*
[sont heureux ;
Ils sont tristes quand les êtres souffrent.
Quand on satisfait les êtres, on satisfait les
[bouddhas ;
Quand on les offense, ce sont les bouddhas qu'on
[offense.

Si l'on désire payer de retour la bonté des bouddhas, les réjouir et leur rendre hommage, le meilleur moyen est de faire plaisir aux êtres, puisque le bien-être et l'intérêt des êtres sont si chers à leur cœur. De sorte qu'on réjouit les bouddhas quand on sert les êtres, et qu'on les mécontente quand on maltraite ces derniers.

(123) *Celui dont le corps est environné de flammes*
Ne saurait goûter aucun plaisir ;
De même, en présence de la souffrance des êtres,
Les compatissants ne peuvent éprouver aucune joie.

(124) *En affligeant les êtres,*
J'ai affligé tous les grands miséricordieux ;
Je confesse aujourd'hui cette faute,
Afin que les bouddhas qu'elle a blessés me le pardon-
[nent.

(125) *Dès aujourd'hui, pour complaire aux bouddhas,*
De toute mon âme je me fais le serviteur du monde.
Que la foule des hommes mette le pied sur ma tête ou
[me tue,
Mais que le protecteur des êtres soit satisfait.

(126) *Les compatissants ont adopté tous les êtres*
[comme les leurs ; cela n'est pas douteux.
Par là, ce sont les protecteurs eux-mêmes
Qui apparaissent sous la forme des êtres ;
Comment oserait-on leur manquer de respect ?

(127) *Servir les êtres, c'est servir les bouddhas,*
C'est réaliser ma fin,
C'est éliminer la douleur du monde :
C'est donc le vœu auquel je m'oblige.

Ces réflexions peuvent servir à ceux qui croient en un Créateur. Il suffit de substituer « Dieu » à « Bouddha ». Car celui qui s'efforce de mener une existence conforme aux souhaits de Dieu et fondée sur l'amour de Dieu traduit cet idéal par son comportement avec les autres, au moins avec ses semblables.

Dans la tradition chrétienne, la relation avec Dieu se passe dans les limites d'une vie unique. On n'envisage pas la possibilité de vies antérieures et on pense que la vie de chacun est un don de Dieu. Il existe une proximité, une intimité entre lui et nous. Dans un tel contexte, la pratique des enseignements aura certainement un effet ; elle aidera puissamment à orienter comportement et mode de vie.

Je vais maintenant lire les derniers quatrains :

(128) *Quand un homme du roi*
A lui seul brutalise la foule,
Ceux qui sont avisés ne résistent pas,
Même s'ils le peuvent.

(129) *Parce qu'il n'est pas isolé,*
Mais que sa force est la force du roi.
De même, qu'on ne sous-estime pas
Un adversaire faible en apparence.

(130) *Car sa force, ce sont les gardiens des enfers*
Et les compatissants.
Donc, qu'on serve les êtres
Comme un sujet sert un roi irascible.

(131) *La colère d'un roi a-t-elle des châtiments*
Comparables aux supplices de l'enfer
Que nous infligera
Le déplaisir des êtres ?

(132) *La faveur d'un roi*
A-t-elle des récompenses
Comparables à l'état de bouddha
Que nous vaudra le contentement des êtres ?

(133) *Sans parler de la condition future de bouddha,*
Ne vois-tu pas qu'en cette vie
Le bonheur, la gloire, la renommée
Résultent du service des êtres ?

(134) *Ne vois-tu pas que, dans le cycle de nos exis-*
[tences,
La patience nous procure tous les biens :
Charme, santé, honneurs, longévité,
Et les larges réjouissances d'un souverain du monde ?

Ainsi se conclut le sixième chapitre de *La Marche vers l'Éveil,* que Shantideva a consacré à la patience.

Méditation

Nous allons pratiquer une méditation sans pensée. Il ne s'agit pas d'un état de torpeur ou de vide mental. Vous devez d'abord vous donner la détermination nécessaire pour rester sans pensées discursives. En général, notre esprit s'occupe des objets de perception. Notre attention suit les messages de nos sens et ne dépasse pas les niveaux sensoriels et conceptuels. Vous allez maintenant tourner votre esprit vers l'intérieur et l'empêcher de courir après les objets des sens. Ne le repliez pas au point de sombrer dans une sorte de torpeur ; restez pleinement attentifs et vigilants. Essayez ensuite de voir cet état naturel de votre conscience qui n'est pas affecté par les pensées du passé, les souvenirs, les événements d'autrefois, etc., et qui n'est pas non plus dérangé par les projets, les espoirs, les appréhensions et autres pensées concernant le futur. Essayez de rester dans votre état naturel.

Votre esprit est comme une rivière au courant impétueux, dont on ne peut voir le lit. Si vous pouviez soudain en arrêter le flot, son eau deviendrait immobile et vous pourriez relativement bien en distinguer le fond. De la même façon, si vous pouvez empêcher votre esprit de vagabonder après les objets sensoriels, en évitant qu'il tombe dans un état de semi-conscience, vous commencerez à voir, sous la turbulence des pensées, une sorte de clarté et de calme profonds. Vous devez essayer, même si c'est difficile au début. Au départ, comme vous n'avez aucun objet particulier sur lequel fixer votre attention, vous risquez de vous endormir.

Lorsque vous commencerez à faire l'expérience de cet état naturel de la conscience, ce sera d'abord une sorte de vide, d'absence. Nous avons tellement l'habitude de percevoir notre esprit par rapport aux objets de perception que lorsque nous le détournons de ces objets, nous ne le reconnaissons plus. Il subsiste une sorte d'absence, de vide. Cependant, petit à petit, à mesure que vous progresserez et vous habituerez à cette expérience, vous commencerez à voir poindre une clarté sous-jacente, une sorte de luminosité. Vous commencerez à reconnaître et à comprendre ce qu'est l'état naturel de l'esprit.

Mais, attention, ne prenez pas cela pour la réalisation de la vacuité, ni pour une méditation sur la vacuité. Ne croyez pas non plus qu'il s'agit d'une expérience de méditation très profonde. C'est une pratique commune aux bouddhistes et aux non-bouddhistes, notamment dans les absorptions sans forme appelées « espace infini », « conscience infinie », etc. Durant ces absorptions, la conscience est plus stable et concentrée que dans l'état dont nous parlons. Ce ne sont pas des expériences méditatives très profondes. Cependant, de nombreuses expériences méditatives profondes s'effectuent sur la base de cette tranquillité mentale.

Commencez votre méditation par un exercice respiratoire. Concentrez votre attention sur vos deux narines, respirez trois fois, puis concentrez-vous sur votre respiration. Prenez conscience de l'inspiration, puis de l'expiration, trois fois. Commencez alors la méditation.

Questions

Q. — Vous-même et d'autres maîtres, vous nous demandez de nous réjouir sincèrement des réussites, des gains et du bonheur mondains d'autrui, en accord avec ce que dit le sixième chapitre de La Marche vers l'Éveil *de Shantideva et* La Voie de la félicité. *Mais si l'on a la certitude que les gains ou les réussites de quelqu'un sont dus à des actes négatifs comme le mensonge, le vol, la tromperie, la violence, comment doit-on se réjouir et exprimer cette réjouissance ?*

R. — Vous avez raison, nous ne devons pas considérer de la même façon les succès superficiels remportés par des moyens malhonnêtes comme le mensonge, le vol, la tromperie, etc., et la réussite et le bonheur authentiques. N'oubliez pas qu'en réfléchissant bien, on s'aperçoit que les méthodes malhonnêtes qui ont causé la joie et le bonheur de cette personne ne sont que des causes immédiates. La cause réelle est le mérite qu'il a acquis dans le passé. Il faut savoir distinguer entre les causes immédiates et les causes profondes.

Une des caractéristiques de la loi du karma est qu'il existe un rapport précis et proportionnel entre la cause et l'effet. La joie et le bonheur ne peuvent résulter d'actes négatifs ou malsains. Par définition, ils sont le fruit d'actes positifs. Dans cette optique, il est possible d'admirer non pas les causes immédiates, mais les causes réelles de la réussite.

Q. — Devons-nous accepter l'injustice et l'utiliser pour pratiquer la patience, ou essayer de changer la société qui en est la cause ? Où se situe l'équilibre ?

R. — Vous devez, sans aucun doute, tenter de changer la situation. Pour moi, c'est une évidence.

Les enseignements de Shantideva, bien qu'écrits il y a de nombreux siècles, doivent servir de source d'inspiration pour améliorer notre société actuelle.

Shantideva ne dit pas que nous devons rester soumis et passifs. Au contraire, nous devons cultiver la patience et la tolérance, et les utiliser ensuite comme une force pour changer les choses.

Q. — Quand quelqu'un m'a fait du mal, je m'en souviens, j'y pense sans arrêt et je me mets en colère à de nombreuses reprises. Comment pourrais-je éviter cela ?

R. — Si vous pouvez voir la personne qui vous inspire de la colère sous un angle différent, vous lui trouverez une quantité de qualités positives. En réfléchissant, vous pourrez peut-être même découvrir que l'événement qui a causé votre colère vous a offert certaines possibilités qui n'auraient pas été envisageables autrement. Vous pouvez donc considérer une même situation de différents points de vue. Si en dépit de vos efforts vous n'arrivez pas à voir votre agresseur sous un angle nouveau, mieux vaut peut-être, pour le moment, essayer de l'oublier.

Q. — Pourriez-vous parler un peu plus du rapport entre la réalisation de la vacuité — et de la production en dépendance — et la patience ? Est-ce que la pratique de la patience sans la réalisation de la vacuité et de la production en dépendance ne peut que rester superficielle ?

R. — On peut envisager le terme « superficiel » de plusieurs façons. D'un point de vue un peu profond, toute pratique de la patience dans laquelle la sagesse et la compréhension de la vacuité ne sont pas présentes en tant que facteurs complémentaires restera superficielle, car elle ne sera pas capable de déraciner la colère et la haine. Cela ne veut pas dire qu'il faut attendre d'avoir réalisé la vacuité pour commencer à pratiquer la patience.

La littérature du Grand Véhicule fait mention de nombreux cas de bodhisattvas qui ont atteint de grandes réalisations, mais pas celle de la vacuité. Le problème est que, si on essaie de chercher de tels bodhisattvas, je crains qu'on ait du mal à en trouver. Certains Tibétains ont, à mon avis, une profonde expérience de l'esprit d'Éveil. J'ai ainsi un ami qui a réellement atteint l'état de calme mental. Il dit que cela lui a pris quatre mois, ce qui est assez extraordinaire. Mais il m'a aussi dit qu'il avait eu des difficultés à développer l'esprit d'Éveil. Il ne manifeste pas un intérêt très vif pour le Véhicule des Tantras, parce que, sans esprit d'Éveil, pratiquer les tantras n'a aucun sens. Au cours d'une discussion avec lui, j'ai un peu parlé de ma pratique, et comme nous sommes devenus très amis, il m'a confié ses expériences. Autrement, ce genre de personne ne se vante pas. Ce sont les gens comme moi, sans expérience, qui aiment parfois se vanter.

Q. — Un disciple peut-il avoir un maître tibétain qu'il ne rencontre qu'une ou deux fois par an ?

R. — C'est possible, mais l'essentiel est de s'assurer que cette personne possède le minimum de qualifications requises pour enseigner. Autre chose : il faut consulter son maître seulement sur les problèmes importants et lui épargner les questions inutiles.

Q. — Si des conditions particulières, certaines illusions ou certaines influences, incitent quelqu'un à faire du mal aux autres et/ou à se conduire de façon irrationnelle, à quel moment est-il juste de le punir ou de l'emprisonner ?

R. — Là, il me semble valable d'établir une distinction entre la punition préventive et la punition simple pour l'acte qu'on a commis. Il semble que la punition préventive soit justifiable, si elle peut dissuader le coupable de commettre les mêmes actes à l'avenir.

Cela me fait penser à la peine de mort. Je suis triste qu'elle existe encore. Certains pays l'interdisent, à mon avis c'est une bonne chose.

Q. — Dans les grandes villes, on rencontre beaucoup d'inconnus à qui l'on ne parle qu'une fois et que l'on ne revoit jamais plus. Il y a une grande indifférence. Existe-t-il une technique de compassion particulière applicable à ce genre de brèves rencontres ?

R. — Pour éprouver de l'amour et de la compassion envers quelqu'un, il n'est pas nécessaire de le connaître. Si c'était le cas, compte tenu du nombre d'êtres dans le monde, la compassion universelle serait impossible sans atteindre l'Éveil au préalable.

Il en va de même lorsqu'on veut comprendre la nature dynamique et transitoire des phénomènes. Si cette compréhension exigeait de connaître chaque chose et chaque événement en particulier, elle serait impossible. Il suffit de considérer les choses de façon globale pour voir que ce qui vient à l'existence en raison de causes et de conditions est impermanent.

On peut comprendre que toute expérience qui résulte d'un acte contaminé par les émotions négatives finit par être insatisfaisante. Il n'est pas nécessaire de vivre chacune d'elles en se disant : « Celle-ci n'est pas satisfaisante, celle-là non plus. » On peut arriver à ce résultat par une démarche globale.

On peut aussi éprouver de la compassion pour les êtres dans leur ensemble, en pensant que ceux qui ressentent plaisir et douleur et considèrent leur vie comme précieuse ont le désir inné, instinctif, d'être heureux et de vaincre la souffrance ; par conséquent, nous souhaitons que leur désir se réalise et que nous soyons capables de les aider.

Q. — Si l'on étudie et pratique la Voie Graduelle et la Grande Perfection, est-il nécessaire ou utile de pratiquer un yoga du yidam ou l'Anuttara-tantra ?

R. — Avant de pouvoir méditer sur la Grande Perfection, il est nécessaire de recevoir les initiations et les bénédictions correspondant au Tantra-yoga supérieur. Par conséquent, sans avoir au préalable pratiqué le Tantra-yoga supérieur, vous ne pourrez pas pratiquer la Grande Perfection avec succès. Il est possible que certains maîtres, lorsqu'ils enseignent la Grande Perfection et ses préliminaires, ne mentionnent pas que ces pratiques appartiennent à un tantra particulier. Mais lorsqu'on tient compte des distinctions entre *Maha, Anu* et *Ati* — les trois yogas intérieurs dans la terminologie Nyingma —, il faut comprendre que ces trois subdivisions correspondent, en fait, à des degrés du Tantra-yoga supérieur.

Q. — Pourriez-vous nous expliquer le rôle de la solitude dans l'accession à l'Éveil ? En quoi est-elle similaire au milieu monastique ?

R. — Certains monastères sont très actifs et fort occupés, un peu trop à mon sens. Autrefois, on trouvait de grands ermites dans les monastères. Certains de mes amis en ont connu. Pour s'isoler avant de s'engager dans des pratiques intensives, une des techniques employées par ces ermites consistait à fermer leur porte de manière à pouvoir récupérer la clé de l'intérieur. De l'extérieur, on pouvait croire qu'ils étaient absents. Ils préservaient ainsi la tranquillité et la solitude qu'ils désiraient. Certains d'entre eux ont atteint un très haut niveau de réalisation, et même ce qu'on appelle le stade de perfection du Tantra-yoga supérieur.

En tibétain, monastère se dit « gompa » (*dgon pa*), ce qui, étymologiquement, signifie un endroit solitaire, éloigné des villes. C'est pourquoi au Tibet, dans certains monastères, le règlement était très strict. On ne pouvait pas avoir de chiens, parce qu'ils aboient et font du bruit ; on ne pouvait pas faire sonner les cloches rituelles, ni faire résonner les cymbales ou les tambours. Le seul son que l'on entendait était celui des discussions sur le Dharma dans la cour des débats. Toute autre activité bruyante était interdite.

De nos jours, malheureusement, les gens semblent penser que, si dans un monastère on ne joue pas d'instruments rituels comme les tambours, les cymbales ou les cloches, il manque quelque chose. C'est une impression fausse, et c'est dommage. Les monastères doivent baigner dans une atmosphère de méditation, et l'autodiscipline doit être présente durant la méditation. Autrement, le monastère n'est qu'une institution comme les autres.

Q. — Que doit faire l'assemblée de la sangha, collectivement ou individuellement, pour servir les autres ?

R. — Il est difficile de répondre à cette question, parce que, en Occident, il n'existe pas de structure établie et fiable pour prendre en charge les moines et les nonnes bouddhistes, en particulier les nonnes. C'est un problème sur lequel nous devons nous pencher et auquel nous devons beaucoup réfléchir. Toutefois, si les moines et les nonnes peuvent, à titre individuel, contribuer au bien-être de la société en général, c'est merveilleux, car c'est précisément le but de nos efforts spirituels.

Nos frères et sœurs chrétiens, moines et nonnes, sont profondément engagés au service de la société, principalement dans le domaine de l'éducation et de la santé, ce qui est admirable. Chez les moines et les nonnes bouddhistes, ce type d'engagement est réduit au minimum, par tradition. C'est pourquoi, sitôt que nous sommes arrivés en Inde — au début des années soixante ou soixante et un, je crois —, j'ai demandé aux autorités de nos monastères et de nos couvents d'œuvrer davantage dans ces deux domaines. Mais sans grand résultat jusqu'à présent.

Il y a des moines et des nonnes bouddhistes occidentaux, et des institutions bouddhistes disséminées en Europe, en Australie et dans beaucoup d'autres lieux. Mais ils se heurtent encore à des difficultés. Il est certain qu'il faudra du temps.

J'ai beaucoup d'admiration pour les moines et les nonnes occidentaux qui, en dépit des nombreux problèmes, gardent leur enthousiasme et observent leurs vœux. En mars dernier, une réunion fructueuse s'est tenue à Dharamsala. Beaucoup de nonnes y ont participé, dont certaines sont présentes ici. Elles ont parlé de leurs difficultés et ce qu'elles ont dit m'a ému aux larmes. Elles sont éloquentes et ont l'art de fendre le cœur de leur auditoire !

Q. — Quels conseils donneriez-vous à quelqu'un qui vient au bouddhisme tard dans sa vie, et qui commence à pratiquer et à se plonger dans la complexité des textes ?

R. — Ne vous inquiétez pas. Nous avons un précédent historique qui peut-être vous encouragera et vous aidera à trouver de l'énergie. A l'époque du Bouddha, un brahmine nommé Pelgye décida, à l'âge de quatre-vingts ans, de s'intéresser sérieusement à la pratique du Dharma. Ses enfants et ses petits-enfants se moquèrent de lui et l'insultèrent. Il finit par renoncer à sa vie de famille pour entrer dans un ordre monastique et atteignit un haut niveau de réalisation.

Le prédécesseur de Ling Rinpoche — l'aîné de mes précepteurs —, qui était le supérieur du monastère de Gyuto, était un grand érudit et un très bon moine. Or, jusqu'à l'âge de vingt-cinq ans, il faisait partie des *dop dop*, ou « moines stupides », qui ne s'intéressaient jamais aux études et ne pensaient qu'à s'amuser et à courir partout. Ces *dop dop* créaient des problèmes dans les monastères et dans les villes. Ils se battaient, ils utilisaient même des sabres. Ils agissaient de manière stupide et indisciplinée. Soudain, ce moine changea. Il consacra son énergie aux études et devint le plus érudit de son monastère. Ce genre d'exemple doit donner de l'espoir.

Je pense que beaucoup de maîtres et d'enseignants remarquables ont connu des difficultés au cours de leur enfance et de leur vie de famille. Puis, vers trente, quarante ou cinquante ans, ils se sont mis à pratiquer sérieusement et sont devenus de grands maîtres. On trouve beaucoup de récits de ce genre. A un âge avancé les forces physiques ont beau décliner, en comparaison le cerveau humain se conserve bien.

De plus, dans le bouddhisme, nous avons la renaissance. Il n'est jamais trop tard. Même si vous commencez à pratiquer un an avant votre mort, le fruit de vos efforts ne sera pas perdu, puisque vous renaîtrez. Il se transmettra dans la vie suivante.

Kunga Gyaltsen, le grand pandit de l'école Shakya, disait que la connaissance est un élément qu'on acquiert et qu'on développe, même si l'on doit mourir le lendemain. On peut la « récupérer » dans la vie prochaine, comme si on en avait confié la garde à quelqu'un. Il est vrai que pour ceux qui ne croient pas à la renaissance, ces arguments n'ont pas grand sens.

Q. — Pourriez-vous expliquer ce qu'est la prière dans le bouddhisme ? A qui ou à quoi s'adresse-t-elle, vu qu'il n'y a pas de Créateur ?

R. — Il y a deux sortes de prières. La plupart du temps, la prière est une remémoration de notre pratique quotidienne. Elle nous rappelle comment nous devons parler, agir, nous comporter face aux autres, aux problèmes et aux événements de la vie de tous les jours. Mes propres prières quotidiennes durent environ quatre heures, quand je prends mon temps. C'est assez long. Une partie consiste à me remémorer la compassion, le pardon, et bien sûr, la vacuité. La partie principale est consacrée à la visualisation de déités, de mandalas, et à des pratiques tantriques auxiliaires, dont le yoga de la mort, de la renaissance et de l'état intermédiaire (*bardo*). Le tout est répété huit fois. Huit fois la mort et huit fois la renaissance : je suis ainsi supposé me préparer à la mort. Quand elle aura lieu, j'ignore si je serai prêt ou non.

La deuxième forme de prière est une invocation au

Bouddha. Pour nous, le Bouddha n'est pas un Créateur, néanmoins nous le considérons comme un être supérieur qui s'est purifié. Il possède une énergie et un pouvoir illimités. En un sens, ce genre de prière s'apparente à celles qu'on adresse au Dieu créateur.

SECONDE SÉANCE [1]

Questions

Q. — Est-il nécessaire de rechercher une expérience réelle pour comprendre ce qu'est la compassion et la manifester ? Beaucoup de personnes ont en général vécu sans souffrir de la pauvreté ou de l'oppression politique. Cela veut-il dire que nous devrions aller voir par nous-mêmes ce qui se passe au-delà de nos téléviseurs et de nos journaux, afin d'approcher de plus près l'expérience de ces choses ? Est-ce que ce serait un moyen efficace de combattre l'apathie ?

R. — Au début, vous pouvez mieux développer votre compassion si vous êtes confrontés à des situations où la souffrance est présente sous vos yeux.

1. Pour la dernière séance d'enseignement, le Dalaï-Lama a commencé par la série de questions-réponses pour pouvoir terminer le séminaire par un discours sur les douze liens interdépendants. (N.d.É.)

Mais il y a différentes façons de réfléchir à la souffrance. Vous pouvez rencontrer quelqu'un qui souffre, ce qui suscitera en vous un sentiment de communion et de compassion, bien que vous ne souffriez pas concrètement vous-mêmes. Mais vous pouvez aussi éprouver de la compassion pour ceux qui se livrent à des activités négatives ou nuisibles, en vous rappelant qu'ils accumulent ainsi les causes de futures souffrances. La différence tient au fait que, dans le premier cas, les conséquences sont manifestes ; et dans le second, la souffrance, en tant que telle, n'est pas encore présente, mais ses causes sont en train d'être créées.

Il existe aussi divers degrés de souffrance. Par exemple, les expériences que nous considérons normalement comme agréables contiennent, en réalité, la souffrance du changement. Sous-jacente à cette souffrance se trouve la nature fondamentalement insatisfaisante du samsara. Quand vous commencez à ressentir de la compassion en prenant conscience de ces niveaux plus profonds de souffrance, vous n'avez plus besoin d'être confrontés à des situations vivantes.

Q. — Vous dites que la compassion consiste à traiter les autres avec tolérance et bonté et à ne pas faire de tort à autrui. La compassion ne devrait-elle pas nous inciter à tendre la main activement à ceux qui sont dans le besoin, à soulager la souffrance des malades, de ceux qui vivent dans un état de misère extrême ou sont victimes d'injustices flagrantes ? Le bouddhisme a parfois été accusé de négliger les souffrances de la société. S'il vous plaît, donnez-nous votre sentiment sur cette question.

R. — Je pense que, dans une certaine mesure, ce que vous dites est vrai. Les moines et les nonnes bouddhistes devraient travailler plus activement dans la société, à l'exemple de leurs frères et sœurs chrétiens. Lors de ma première visite en Thaïlande, au cours des années soixante, je crois, j'en ai discuté avec le Patriarche bouddhiste. Il m'a répondu qu'il n'en était pas moins vrai que, selon le *Vinaya*, les moines et les nonnes sont tenus de rester à l'écart de la société. Je lui ai répondu que c'était exact, en ce qui concerne le *Vinaya*, mais qu'en même temps notre véritable but était d'œuvrer au bien des autres et que, par conséquent, nous devrions en faire davantage sur le plan pratique, que cela en valait la peine.

Il ne faut pas perdre de vue que le principe fondamental de la vie monastique est d'avoir aussi peu d'activités que possible pour soi-même, et autant d'engagements que possible quand il s'agit de servir les autres.

Q. — Les bouddhistes tentent-ils d'« évangéliser » ou d'envoyer des missionnaires dans le monde ? Il existe une telle faim de spiritualité. Si vous ne le faites pas, pouvez-vous en donner la raison ?

R. — Au temps de l'empereur Ashoka, il y avait des missions bouddhistes. Mais en principe, dans la tradition bouddhiste, on ne met pas l'accent sur le prosélytisme, le travail de mission ou la conversion des autres. A moins que quelqu'un ne vienne de lui-même demander l'enseignement. Dans ce cas, il est de notre devoir ou de notre responsabilité d'enseigner. Autrefois la situation était différente. De nos jours, le monde est devenu plus petit, et l'esprit d'harmonie essentiel. Je pense donc que tout prosélytisme bouddhiste est exclu. Même en ce qui concerne l'œuvre missionnaire des autres religions, j'ai quelques doutes sur leur bien-fondé. Si tout le monde essaie de propager sa propre religion, logiquement cela peut aboutir à des conflits. A mon avis, ce n'est pas bon.

Je crois que, parmi les quelque cinq milliards d'êtres humains, il existe très peu de croyants sincères, authentiques. Je n'y inclus pas ceux qui se disent chrétiens parce que leur milieu familial est chrétien. Ceux-là font peu de cas de leur foi dans la vie quotidienne. Donc, si l'on fait abstraction de ces gens-là, le nombre de pratiquants sincères d'une religion se monte peut-être à un milliard. Ce qui revient à dire que les quatre milliards restants, soit la majorité, sont non croyants. Nous devons trouver un moyen de toucher cette majorité pour tenter d'en faire de bons êtres humains, ou des personnes ayant un comportement moral, en dehors de tout discours religieux. La question est là. Je pense que la compassion et les sentiments de ce genre sont de simples qualités humaines, pas nécessairement des sujets religieux. On peut ne pas avoir de foi religieuse tout en étant un être bon et raisonnable, se sentir responsable et s'engager à rendre le monde meilleur et plus heureux. A cet égard, je pense que l'éducation et les médias jouent un rôle considérable.

Q. — Deux personnes m'ont trompé et m'ont traité de façon injuste. A cause de cela, j'ai perdu beaucoup d'argent et j'ai maintenant du mal à subvenir aux besoins de ma famille. Quand j'analyse la situation, je me dis que si j'avais été plus conscient, j'aurais pu déceler plus tôt la duplicité de ces personnes, rompre avec elles et éviter de perdre de l'argent. C'est donc moi que je dois blâmer. Comment puis-je cesser de me haïr pour cette perte ? Je sais que se haïr soi-même ne fait aucun bien, mais je ne peux pas m'en empêcher.

R. — Quand on est déjà plongé dans ce genre de situation, on ne peut cesser de se haïr en essayant simplement une ou deux fois de penser autrement. Ces jours derniers, nous avons examiné différentes méthodes susceptibles de s'appliquer à votre cas. C'est en les apprenant, en vous entraînant et en vous accoutumant à ces pratiques que vous pourrez résoudre le problème.

Q. — J'ai lu dans des livres bouddhistes qu'il est incorrect de penser qu'on apprend la moindre leçon, dans une vie ou dans une autre. Pourtant j'ai l'impression que c'est possible, et cela semble compatible avec le karma. Comment faut-il comprendre cette affirmation ?

R. — Il s'agit, me semble-t-il, d'un malentendu, peut-être en ce qui concerne la renaissance. Selon l'enseignement bouddhiste, il est certain qu'on acquiert de nouvelles connaissances en étudiant et en pratiquant. On fait aussi de nombreuses expériences nouvelles. Prenez la théorie bouddhiste de l'esprit et des facteurs mentaux ; selon un texte de l'*Abhidharma* intitulé *Compendium de la connaissance,* il existe cinquante et un types de facteurs mentaux, représentant les différentes modalités de l'esprit dans notre état ordinaire en tant qu'êtres humains. A mesure que nous progressons sur la voie, grâce à la méditation et à d'autres pratiques, de nombreuses modalités s'y ajoutent. Elles ne figurent pas dans la liste des cinquante et un, mais nous devons les acquérir en parcourant la voie. On trouve par exemple, dans la littérature bouddhiste, quantité de niveaux de concentration que l'on doit acquérir en méditant.

Q. — Existe-t-il un moyen d'entraîner son esprit à ne pas être excessivement triste, face à la souffrance omniprésente dans le monde ? En d'autres termes, comment peut-on être joyeux devant tant de souffrance ?

R. — Changer notre regard sur le monde et notre façon de penser n'est pas une mince affaire. Cela exige le concours de nombreux facteurs. Dans les pratiques bouddhistes, on met l'accent sur l'union de la méthode (ou des moyens habiles) et de la sagesse. Il ne faut pas penser qu'il y a une sorte de secret, et que si vous arrivez à l'appliquer, tout sera résolu. Il ne faut pas garder ce genre de notion.

Dans mon cas, par exemple, il y a de grandes différences entre mon attitude mentale actuelle face à la situation que vous évoquez, et celle que j'avais il y a vingt ou trente ans. Ces différences sont apparues peu à peu. J'ai commencé à étudier le bouddhisme à l'âge de cinq ou six ans, mais à cette époque cela ne m'intéressait pas, bien qu'on me considérât comme la plus haute incarnation. Vers l'âge de seize ans, je crois, j'ai commencé à m'y intéresser et à pratiquer sérieusement. A partir de ma vingtième année, même quand j'étais en Chine, et malgré les difficultés, je recevais des enseignements de mon tuteur dès que l'occasion se présentait. Puis, contrairement à mon attitude du début, j'ai vraiment fait un effort de l'intérieur. Ensuite, vers trente-quatre ou trente-cinq ans, j'ai commencé à réfléchir à *shunyata*, la vacuité. Après avoir médité de manière intensive, j'ai commencé à comprendre ce qu'était la cessation de la souffrance. Ce mot prenait réellement un sens. Je me suis dit : « Oui, il y a là quelque chose, il y a une possibilité. » Cela m'a inspiré.

Mais l'esprit d'Éveil restait pour moi une chose difficile. J'admire cette aspiration à atteindre l'esprit d'Éveil pour le bien de tous ; c'est une attitude merveilleuse. J'étais alors dans la trentaine, mais ma pratique était encore loin du compte. Entre quarante et cinquante ans, après avoir étudié quelques autres textes, surtout celui de Shantideva, et pratiqué, j'ai fini par acquérir une certaine expérience de l'esprit d'Éveil. A présent, mon esprit est encore bien imparfait, mais j'ai la conviction que si j'avais assez de temps, si l'endroit et le moment étaient favorables, je pourrais développer l'esprit d'Éveil. J'ai mis quarante ans pour en arriver là.

Quand je rencontre des gens qui prétendent avoir atteint une très haute réalisation en peu de temps, cela me donne envie de rire, bien que j'essaie de ne pas le montrer. Vous le voyez, le progrès mental, celui qui se développe au plus profond de soi, prend du temps. Si quelqu'un me dit : « A force de détermination et au bout de nombreuses années, quelque chose changera », je vois que quelque chose se passe. Mais si on me dit : « En très peu de temps, en deux ans, il s'est produit un grand changement », je sais que cela ne correspond pas à la réalité.

Q. — J'ai entendu dire que l'esprit est un réservoir de pensées. Le but de la méditation est-il de débarrasser ce réservoir des pensées désordonnées qui l'encombrent ? Est-ce que cela permet à la lumière de briller ?

R. — En termes bouddhistes, on parle de « purifier l'esprit de ses souillures », plutôt que de le « vider de ses pensées », parce que le mot « pensée » désigne aussi bien les pensées positives que les pensées négatives. Le but de la méditation est de parvenir à ce que nous appelons l'« état non conceptuel ». Il faut comprendre que le terme « non conceptuel » peut avoir différentes significations selon le contexte. Il peut vouloir dire une chose si on l'explique selon les soûtras, et plusieurs autres si on considère les diverses catégories de tantras. Dans le seul Tantra-yoga supérieur, le sens varie selon qu'on envisage les « tantras pères » ou les « tantras mères ». On trouve fréquemment ce terme dans les enseignements de la Grande Perfection et du Mahamudra. Dans ces deux cas, il est considéré du point de vue le plus profond du Tantra-yoga supérieur.

Dans un texte sur le Mahamudra, Dakpo Tashi Namgyal, un grand pratiquant très érudit, affirme que la voie du Mahamudra ne relève ni du système des soûtras ni de celui des tantras. Il la qualifie de voie à part, et je suppose qu'il a de bonnes raisons de le faire. Mais, à bien y réfléchir, cette idée est assez difficile à comprendre. Elle n'est pas bouddhiste. Le Bouddha n'a enseigné que le Véhicule des Soûtras et le Véhicule des Tantras. Voilà donc quelque chose qui n'appartient ni à l'un ni à l'autre. Cela veut donc dire que c'est différent du bouddhisme.

Quoi qu'il en soit, dans les pratiques du Mahamudra et de la Grande Perfection, l'accent est mis sur la combinaison de la vacuité et de la claire lumière. Quand nous disons « claire lumière », ce mot peut avoir deux significations. Il peut se référer à la vacuité, la vacuité pouvant avoir le sens de luminosité. Par ailleurs, il peut désigner l'expérience subjective de cette vacuité. « Claire lumière » peut avoir une connotation objective ou subjective. La combinaison de ces deux aspects est ce sur quoi la Grande Perfection et le Mahamudra mettent l'accent. N'allez pas penser qu'avec les mots « objectif » et « subjectif » on se trouve encore dans la dualité. Du point de vue du méditant, il n'y a aucune dualité. Sujet et objet n'apparaissent qu'à l'examen rétrospectif de son expérience, ou dans l'optique d'une tierce personne. Au cours de l'expérience elle-même, il n'existe aucune dualité sujet-objet.

Pour atteindre cet état non conceptuel, le pratiquant doit avoir en lui le potentiel, ou la semence, nécessaire. Mais cela ne veut pas dire que, puisque le but est de parvenir à un état sans concept, rien de ce qui implique le processus de pensée ne peut servir. Ce sujet est traité en détail dans le second chapitre de l'*Exposé des moyens acceptables de connaissance* de Dharmakirti. En raisonnant et argumentant longuement, il démontre que les processus conceptuels de pensée, de réflexion et de méditation culminent dans l'expérience non conceptuelle. C'est un point qu'il est utile de garder à l'esprit.

On parle aussi de deux principaux types de méditations : dans la première, appelée « analytique », on fait appel à sa capacité d'examiner mentalement un sujet ; dans la seconde, on se trouve davantage dans un état d'absorption où la concentration joue un rôle essentiel. Puisque l'analyse implique le processus de pensée discursive, elle n'est pas utilisée dans le Tantra-yoga supérieur, où l'on cultive la vision pénétrante. Elle est remplacée par une technique où la concentration sans distraction est d'une importance cruciale. On retrouve ce type de méthode dans la Grande Perfection et le Mahamudra.

Q. — Pourriez-vous nous parler de la possibilité de choix entre les bons et les mauvais actes ? Nos actes passés déterminent-ils nos actes et notre perception présents ?

R. — Beaucoup de comportements, de modes de pensée et de points de vue peuvent être déterminés ou gouvernés par nos actes passés. Mais il s'agit uniquement de la force de notre conditionnement. Il reste possible, en exerçant sa volonté et son libre arbitre, de s'écarter de cette influence et d'habituer son esprit à des comportements qui ne nous étaient pas familiers. Nous pouvons développer consciemment cette accoutumance et ainsi nous libérer de la contrainte de nos actes passés.

Il est peut-être plus difficile de se libérer de certaines forces biologiques. Selon le bouddhisme, le corps physique que nous possédons est un agrégat, un produit de l'ignorance et de l'illusion. Il n'est pas considéré uniquement comme le support de notre existence actuelle, caractérisée par son aspect limité et douloureux, mais comme une sorte de tremplin destiné à produire de futures expériences de souffrance. Il y a dans notre corps un élément essentiellement biologique qui entrave nos efforts pour tenter de sortir de cet asservissement, comme une sorte de léthargie ou de lourdeur innées qui obscurcissent notre clarté mentale. Mais on peut, par l'entraînement de l'esprit et par l'expérience de la méditation, parvenir à contrôler les niveaux d'énergie très subtils des éléments physiques. C'est le cas dans la pratique des tantras, où l'on considère les différents aspects, grossier, subtil et extrêmement subtil, des constituants du corps. En procédant ainsi, on peut contrebalancer les influences ressenties au niveau le plus rudimentaire. Cette possibilité existe également.

Q. — Si j'ai bien compris, l'Éveil correspond, en quelque sorte, à la libération de l'asservissement aux causes et aux conditions. Comment peut-on accéder à cet état et en même temps rester dans ce monde où l'existence est relative et causale ?

R. — Cet asservissement à des causes et des conditions est universel, il est présent même au stade de la bouddhéité. Par exemple, l'esprit omniscient du Bouddha est totalement éveillé, mais il entre en rapport avec les objets. Il est transitoire et change à chaque instant ; c'est un processus, donc il est impermanent. Même là, le principe de causalité continue à opérer. Il est vrai que la bouddhéité est parfois qualifiée d'état d'immortalité, de permanence, mais il faut placer cette expression dans son contexte. Parmi les « corps » (*kayas*) ou manifestations de la bouddhéité, certains sont permanents et d'autres changent d'instant en instant et sont soumis aux causes et aux conditions. Malgré la coexistence de ces deux aspects, on qualifie la bouddhéité, d'une façon générale, de permanente.

Q. — Quand vous dites qu'il est dans la nature essentielle d'un individu de faire du mal, et qu'on ne peut lui en tenir rigueur, je ne comprends plus. La nature de chaque être n'est-elle pas la nature de bouddha ?

R. — Je pense qu'il y a un léger malentendu. Il s'agit d'une hypothèse. A la stance 39, Shantideva dit :

Si la nature de ces insensés
Est de faire du mal aux autres,
Il n'est pas plus logique de s'irriter contre eux
Que contre le feu dont la nature est de brûler.

Il dit « si ». La clause est conditionnelle.

Quand nous parlons de « nature essentielle », il faut comprendre, là encore, que cette locution peut prendre un sens différent dans d'autres contextes. Par exemple, quand on dit que la nature essentielle de l'esprit des êtres est pure, il est question de la nature de bouddha, qui se situe à un niveau très différent.

On voit ici la nécessité de comprendre les significations subtiles des termes techniques en lisant les ouvrages sur la philosophie de la vacuité. Prenez, par exemple, le mot sanskrit *svabhava,* un des mots clés pour comprendre le concept de la vacuité. Il peut se traduire par « être intrinsèque », ou « nature en soi », ou simplement « essence ». Il a diverses connotations selon le contexte. Quand vous lisez ces textes, vous devez faire attention à ne pas vous fixer de façon trop rigide sur le sens particulier d'un terme et essayer ensuite de l'appliquer à tous les contextes dans lesquels vous le trouvez employé. Le même mot peut être utilisé d'une certaine façon dans un système philosophique comme le Madhyamika, et de manière différente dans une autre école de pensée. Il est important d'être flexible et de saisir la diversité des significations selon le contexte.

Q. — Quel conseil pouvez-vous offrir à un chrétien qui étudie le bouddhisme et envisage de prononcer ses vœux de bodhisattva cette semaine ?

R. — Cela ne devrait pas poser de problème.

LES DOUZE LIENS INTERDÉPENDANTS ET AUTRES ENSEIGNEMENTS EN CONCLUSION

Jusqu'à présent, nous avons parlé de la pratique de la patience (et de la tolérance) qui fait partie des six perfections, les pratiques principales du bodhisattva. Je rappelle qu'il y a trois principaux types de patience, ou de tolérance : l'acceptation du mal que nous font les autres, l'acceptation des souffrances et des épreuves, et la patience fondée sur la compréhension de la réalité — la complexité d'une situation, par exemple. On pourrait aussi y inclure la vue pénétrante de la réalité ultime, c'est-à-dire de la vacuité.

Ce que je n'ai pas encore mentionné, c'est que la pratique de chacune de ces perfections, pour être authentique, idéale, ou complète, doit inclure les cinq autres perfections. Prenons le cas de la patience. Si, en restant nous-mêmes patients et tolérants, nous encourageons les autres à faire de même, nous pratiquons la générosité. La deuxième perfection, la discipline, consiste à faire reposer notre pratique de la patience sur l'honnêteté et la sincérité, qui sont deux aspects de la discipline morale. La troisième perfection est la patience elle-même. La quatrième, l'effort joyeux, comprend les efforts que nous faisons pour demeurer patients et tolérants. La cinquième, la concentration, consiste à maintenir son attention sur la pratique de la patience, sans se laisser distraire. La sixième, la sagesse, est la capacité de juger ce qui, dans une situation donnée, est approprié ou ne l'est pas. Elle inclut les qualités de sagesse ou d'intelligence qui accompagnent la pratique de la patience. On pourrait y ajouter la réalisation de la vacuité des phénomènes, si on la possède. Le même schéma s'applique à la pratique des autres perfections.

Les six perfections peuvent aussi se trouver chez le pratiquant qui n'emprunte pas la voie du bodhisattva, mais travaille à sa libération personnelle. Ce qui les rend parfaites, c'est la motivation. Pour que la patience, par exemple, devienne la perfection de la patience, il faut qu'elle soit sous-tendue par l'esprit d'Éveil, le désir d'atteindre l'Éveil pour le bien de tous les êtres.

Ces pratiques relèvent soit de l'accumulation des mérites, soit de l'accumulation de sagesse. Ces deux aspects de la voie, appelés aussi « méthode » et « sagesse », correspondent, lorsqu'on atteint la bouddhéité ou le fruit de la voie, aux deux corps (*kayas*) du Bouddha : le corps absolu (*dharmakaya*) que l'on peut définir comme l'état de réalisation ultime du Bouddha, et le corps de forme (*rupakaya*). Ces deux corps ont des fonctions différentes. Le corps absolu est la réalisation personnelle, ou l'actualisation de sa propre perfection ; et le corps de forme a pour fonction spécifique de rendre le Bouddha accessible aux autres êtres. C'est une sorte d'intermédiaire par lequel le corps absolu peut entrer en rapport avec les autres êtres et les aider.

Nous avons donc ici la présentation générale de la voie du Grand Véhicule selon la tradition des soûtras. Au départ, ce qui suscite l'engagement sur cette voie, c'est l'esprit d'Éveil, le désir d'atteindre l'Éveil absolu pour le bien de tous. Ainsi motivé, on s'engage sur une voie qui unit méthode et sagesse et consiste en la pratique des six perfections. On parcourt ensuite graduellement les dix niveaux du bodhisattva, et l'on parvient au fruit de la voie, caractérisé par le corps absolu et le corps de forme.

Ce qui différencie le bouddhisme tantrique du bouddhisme du Grand Véhicule et rend sa méthode unique, c'est le fait que l'union des moyens et de la sagesse y est conçue à un niveau plus profond. Dans la tradition des soûtras, on considère cette union comme l'association de deux événements mentaux entièrement distincts, qui se complètent ou se renforcent l'un l'autre. Dans les tantras, l'aspect des moyens et l'aspect de la sagesse sont compris comme étant présents dans un même événement de conscience, ou un même état mental. Ce n'est pas comme s'il y avait deux états d'esprit distincts et complémentaires l'un de l'autre. Les deux sont indissociables. Cette notion constitue la base de la pratique, à tous les niveaux des tantras.

Les tantras sont classés en quatre groupes, parfois six. Le Tantra-yoga supérieur se différencie des trois catégories de tantras dits « inférieurs » par le fait qu'il traite en détail de la claire lumière et met l'accent sur sa pratique, alors que les trois autres n'en font pas mention.

Pour comprendre ce qu'est la claire lumière, il faut comprendre qu'il est possible de percevoir la conscience et les énergies qui l'accompagnent à différents niveaux de subtilité. C'est pourquoi on trouve, dans la littérature du Tantra-yoga supérieur, quantité d'enseignements sur les centres d'énergie (*chakras*), les canaux d'énergies, les énergies qui circulent à l'intérieur et les « gouttes essentielles » situées dans les principaux centres du corps. Ces enseignements sont liés à la volonté de distinguer entre les différents niveaux de conscience et d'énergie. C'est sur cette différenciation que s'appuie l'iconographie tantrique, avec ses déités à l'aspect courroucé ou érotique.

De nombreuses pratiques du Tantra-yoga supérieur utilisant les *chakras*, les canaux et les énergies subtiles tiennent compte de certains constituants essentiels de notre corps, tels que les six éléments. La circulation de ces éléments et de ces énergies, leur mouvement, ainsi que l'intensité des énergies, affectent nos états mentaux et notre niveau de conscience. Certaines situations de la vie donnent un aperçu de ce qu'on pourrait appeler l'expérience de l'esprit subtil. Dans l'un de ses ouvrages, Bouddha-shrijnana déclare qu'à certains moments de notre existence ordinaire, nous faisons naturellement l'expérience très brève de la conscience subtile. Ces moments sont le sommeil profond, l'orgasme, l'évanouissement et la mort. Celui qui applique certaines techniques de méditation au cours de ces quatre situations naturelles peut profiter de ces circonstances pour susciter consciemment l'expérience de la claire lumière. C'est vrai au moment de la mort et, en ordre décroissant, au cours du sommeil profond et de l'orgasme sexuel.

C'est à la lumière de ces faits qu'il faut comprendre le principe *yab-yum*, l'union du masculin et du féminin. Comprise correctement, l'étreinte sexuelle des déités masculines et féminines est différente de ce que nous considérons ordinairement comme un acte sexuel. Elle exige de ceux qui veulent la pratiquer la capacité de retenir l'énergie et d'empêcher l'éjaculation. En fait, lorsqu'un pratiquant du tantrisme ne parvient pas à conserver son énergie et la répand, cette défaillance est considérée comme une faute grave, en particulier dans le tantra de Kalachakra. Les textes insistent beaucoup sur ce point.

Il faut comprendre que plus l'union de la méthode et de la sagesse est profonde, plus la voie de l'Éveil est efficace et puissante. Mais pour que les pratiques liées à ce principe soient fructueuses, elles doivent être fondées sur la production et la réalisation de l'esprit d'Éveil. Sans commencer par cette condition, tout effort demeurera sans succès.

Pour produire l'esprit d'Éveil, il faut avoir le sens de l'engagement et de la responsabilité. Il faut assumer la charge d'aider les autres à se libérer de la souffrance. Et cela, à son tour, exige que l'on ait au préalable cultivé la compassion universelle.

La tradition enseigne deux méthodes pour cultiver cette compassion : l'« entraînement de l'esprit en sept points » et la pratique consistant à considérer autrui comme soi-même et à s'échanger contre autrui. La seconde est exposée dans le huitième chapitre de *La Marche vers l'Éveil*.

Tels sont les différents aspects de la voie du Grand Véhicule qui mène à l'Éveil ultime. Pour éprouver une véritable compassion, ce sentiment que la souffrance des autres nous est insupportable, il faut d'abord pouvoir se rendre compte de l'ampleur ou de l'intensité de cette souffrance. C'est là qu'il devient nécessaire de comprendre la nature de la souffrance.

Normalement, le type de compassion que nous

éprouvons lorsque nous voyons quelqu'un souffrir est une sympathie spontanée. Nous pensons : « C'est terrible, quelle pitié ! » Mais lorsque nous rencontrons quelqu'un qui a réussi matériellement dans la vie, au lieu d'être désolés et compatissants, nous ne ressentons plus qu'envie et jalousie. Ce genre de compassion est puéril. Nous n'avons pas compris le sens de la souffrance. Pour comprendre vraiment ce qu'est la souffrance, nous devons entraîner notre esprit en pratiquant les fondements de la voie.

Il ne suffit pas de comprendre la nature de la souffrance et de reconnaître son sens. Il faut aussi prendre conscience qu'il existe une alternative, c'est-à-dire qu'il est possible de se libérer de la souffrance. C'est ici que la compréhension des Quatre Nobles Vérités devient utile. Cette démarche est commune à toutes les traditions du bouddhisme, qu'elles appartiennent ou non au Grand Véhicule.

Les Quatre Nobles Vérités peuvent être classées en deux groupes, correspondant à deux processus de cause à effet. Le premier comprend la souffrance (l'effet) et l'origine de la souffrance (la cause). Il décrit notre existence dans le samsara et la manière dont nous nous y maintenons. Le second comprend la cessation de la souffrance (l'effet) et la voie qui y mène (la cause). Il décrit la façon de se libérer de l'esclavage et d'atteindre la libération de la souffrance.

Lorsqu'on comprend ces deux processus, on peut tourner son attention vers les douze liens interdépendants. Les douze liens interdépendants reprennent et développent les thèmes exprimés succinctement dans les Quatre Nobles Vérités.

Ces douze liens peuvent être considérés dans l'ordre normal ou dans l'ordre inverse. Dans leur ordre d'apparition naturelle, l'ignorance vient en premier. Cette ignorance entraîne les formations karmiques ; celles-ci laissent des empreintes sur la conscience, qui conduisent à l'apparition des agrégats et de la forme. Puis apparaissent, dans l'ordre, les facultés sensorielles, le contact, la sensation, la soif, la saisie, le devenir, la naissance, et enfin la vieillesse et la mort. Lorsqu'on réfléchit à cet enchaînement, on comprend le mécanisme qui conduit à prendre naissance dans le cycle de l'existence et à tomber dans le cercle vicieux de la naissance et de la mort.

Si on inverse l'ordre, et si on réfléchit au moyen de mettre un terme à chacun de ces liens, on voit que la cessation de la vieillesse et de la mort dépend de la cessation du devenir, lequel dépend de la cessation de la saisie, et ainsi de suite. Cet ordre inverse permet de comprendre comment se libérer de cette situation d'asservissement et du samsara.

Les pratiques fondées sur la compréhension de l'ordre normal et de l'ordre inverse des douze liens interdépendants sont exposées dans ce qu'on appelle les « trente-sept auxiliaires de l'Éveil », qui commencent par la pratique des quatre établissements de l'attention. Autrement dit, ces trente-sept auxiliaires de l'Éveil sont des pratiques liées aux douze liens interdépendants.

Le premier des trente-sept auxiliaires est l'attention au corps. Puis viennent l'attention aux sensations et aux émotions, l'attention à l'esprit ou à la conscience, et enfin l'attention aux phénomènes.

Quand on pratique l'attention au corps — en réfléchissant à la façon dont celui-ci vient à exister et en examinant les causes et les conditions qui y concourent — on prend conscience de ses défauts. Dans cette optique, on se rend compte que les gens qui semblent avoir réussi leur vie, dans le sens conventionnel, ne sont pas dignes d'être enviés, car ils restent asservis à la souffrance et à l'insatisfaction. Si on y réfléchit sérieusement, on constate que plus nous avons de succès dans le monde, plus notre mental semble devenir compliqué, car plus l'enchevêtrement d'espoirs et de craintes devient complexe.

Aryadeva semble avoir raison, lorsqu'il soutient dans son *Traité en quatre cents stances* que ceux qui réussissent sur le plan matériel sont tourmentés par des souffrances mentales, et que les pauvres sont tourmentés par des souffrances physiques. Cela me semble vrai.

Si les êtres mènent une existence marquée par le chagrin et la souffrance, c'est qu'en dernière analyse ils demeurent sous l'emprise de l'ignorance. Nous devons donc susciter en nous un sentiment d'urgence, un peu comme si nous étions atteints par le sida. Quand on est gravement malade, on a le sentiment qu'il faut faire vite, parce que nos jours sont comptés. De même, nous devons nous dire : « Tant que je suis sous l'emprise de l'ignorance et de l'erreur, tôt ou tard quelque chose de désagréable va m'arriver. Je dois commencer à y remédier dès maintenant. »

Aussi longtemps qu'on est sous l'influence des trois poisons mentaux, il n'y a pas de place pour le bonheur. On est esclave de ces trois poisons. Il semble dommage et même stupide de ne pas essayer de s'en libérer, alors qu'il existe une thérapie.

Si nous réfléchissons à cela, quand nous prononcerons les mots « les trois mondes du samsara », au plus profond du cœur nous penserons : « Je dois m'en libérer. » Nous éprouverons sincèrement le désir de briser notre asservissement aux trois poisons.

Arriver à cette libération exige de longues années de méditation, de pratique. Parfois cela prend plusieurs vies. Le plus urgent est de nous assurer que nous aurons une forme d'existence favorable dans le futur, de manière à pouvoir poursuivre notre but en reprenant la tâche où nous l'avons laissée.

Bien que notre but ultime soit la libération, pour y parvenir, la première chose à faire est de s'assurer que l'on bénéficiera d'une bonne renaissance. Pour cela, il faut observer la discipline morale qui consiste à éviter les dix actes négatifs : les trois du corps (le meurtre, le vol et l'inconduite sexuelle), les quatre de la parole (le mensonge, la calomnie, les paroles violentes et les ragots inutiles) et les trois de l'esprit (l'envie, la malveillance, les vues erronées).

Afin de susciter en soi un enthousiasme pour cette

discipline, il est important d'acquérir une bonne compréhension des mécanismes du karma.

Inutile d'essayer de comprendre ce qui se dissimule derrière le karma. La relation entre les actes et leurs effets, la façon dont les uns conduisent aux autres à un niveau subtil, cela échappe à notre entendement. Au début, les aspects les plus subtils sont impossibles à comprendre. A ce stade, un certain degré de foi, de confiance en la parole du Bouddha semble nécessaire. C'est pourquoi l'observance de la loi du karma est intimement associée à la « prise de refuge », au point qu'observer une discipline morale en observant la loi du karma est considéré comme le précepte de la « prise de refuge ».

Pour prendre refuge, mener une vie conforme à la loi du karma et pratiquer les dix actes positifs, il faut avoir une grande confiance en sa capacité de le faire. C'est pourquoi le Bouddha, dans ses enseignements, a parlé du caractère précieux de l'existence humaine afin de susciter notre enthousiasme et notre courage. Dans ce contexte, on n'évoque pas les défauts du corps humain ou ses substances répugnantes, surtout si l'on se sous-estime ou se hait soi-même ; cela ne ferait qu'aggraver la difficulté. On parle, au contraire, de ses qualités, de son utilité, de l'excellence du but qu'il permet d'atteindre, etc. L'objectif est de donner un sentiment d'urgence — il est temps de se rendre compte du potentiel que nous possédons — et en même temps de responsabilité — nous devons en faire bon usage.

On rappelle ensuite au pratiquant que ce corps est impermanent et qu'il va mourir. Impermanent est pris dans son sens le plus simple : un jour, nous ne serons plus là. Cette prise de conscience de l'impermanence est encouragée, car lorsqu'elle est associée à la reconnaissance de l'énorme potentiel de l'existence humaine, elle renforce le sentiment d'urgence : « Je dois utiliser chaque instant précieux de ma vie. »

Nous devons donc développer l'enthousiasme, la confiance en soi et le sentiment d'urgence. Pour cela, il faut commencer par étudier. Dromtonpa disait que lorsqu'il étudiait, il n'oubliait pas la réflexion et la méditation ; et que lorsqu'il méditait, il ne négligeait pas l'importance de l'étude et de la méditation. Il combinait toujours les trois. Ceci est important. Il ne faut pas qu'il y ait déséquilibre entre l'étude et l'application pratique. Autrement, on risque de trop intellectualiser, ce qui tue la pratique, ou de pratiquer excessivement au détriment de l'étude en sacrifiant la compréhension.

La méthode consistant à renverser le processus naturel des liens interdépendants se trouve exposée dans le *Traité en quatre cents stances* d'Aryadeva, qui résume l'ensemble de la voie bouddhiste. Il y est dit qu'au départ il faut inverser les actes négatifs du corps, de la parole et de l'esprit. D'où l'importance de suivre une discipline morale. Ensuite, il est nécessaire de vaincre l'illusion, ainsi que l'ignorance qui la sous-tend et nous fait percevoir les choses comme si elles possédaient une réalité et une identité intrinsèques. Enfin, les empreintes, tendances et dispositions implantées dans notre esprit par l'illusion doivent être effacées. Telles sont les trois étapes du processus graduel de l'Éveil.

Méditation

Nous allons méditer un moment en silence. Lors des entretiens précédents, certains d'entre vous ont peut-être été heureux. D'autres ont pu trouver l'enseignement fatigant, voire épuisant. Maintenant, vous allez essayer de vous concentrer sur le « moi » qui a éprouvé ces sensations. Essayez de le trouver, de voir ce qu'il est.

Il est évident qu'il ne peut exister indépendamment de notre corps et de notre esprit. Mais s'il faut choisir entre le corps et l'esprit, il est clair aussi que le corps ne peut pas être le moi. Nos sensations non plus, puisque notre conception habituelle du moi nous pousse à dire « je sens », comme s'il y avait, d'une part, un sujet qui sent et, d'autre part, une sensation. Or, une sensation n'est pas une personne. Pour les mêmes raisons, on ne peut assimiler le « moi » aux perceptions.

Supposons qu'on nous offre la possibilité d'échanger notre esprit contre un autre, plus parfait, plus clair et plus conscient. La plupart d'entre nous accepteraient volontiers. Notre réponse serait également favorable si on nous proposait d'abandonner notre corps contre un autre plus désirable et attirant. Et, bien que la technologie médicale n'en soit pas encore à la transplantation du cerveau, si c'était possible, nous ne la refuserions pas non plus.

Ceci montre la manière dont nous nous percevons nous-mêmes spontanément, et la manière dont nous concevons le moi. Nous pensons qu'il y a un sujet qui ressent et perçoit, et les constituants de notre esprit et de notre corps sont en quelque sorte sa propriété, ou font partie de lui.

Lorsque nous sommes en colère ou lorsque nous éprouvons une haine intense, nous ressentons très fort : « Moi, je suis en colère. » Si notre haine ou notre colère est dirigée contre un ennemi, nous percevons cet ennemi avec une sorte d'attachement, avec l'idée qu'il s'agit d'une personne solide, concrète, et négative à cent pour cent — elle pourrait d'ailleurs être positive à cent pour cent, selon notre humeur. Si cette personne, l'objet de notre colère, était telle que nous la percevons, les défauts que nous projetons sur elle devraient être réels, ce qui veut dire qu'elle resterait irrémédiablement négative, sans possibilité de changement. Or, ce n'est pas le cas.

Pour notre esprit ordinaire, tout semble donc avoir un caractère objectif, solide, indépendant ; tout semble exister en soi. Mais si les choses étaient réellement ainsi, plus nous chercherions à découvrir s'il y a une réalité derrière l'image que nous en avons, plus elles nous apparaîtraient clairement. Or, il est clair que dès que nous commençons à les analyser, elles semblent disparaître, se désintégrer, et demeurent insaisissables.

Même dans la science moderne, les physiciens qui essaient de comprendre la nature du monde physique en sont arrivés à abandonner le concept de matière solide. Ne parvenant pas à découvrir ce qu'est cette matière, ils ont commencé à considérer les choses de façon holistique, en termes d'interactions plutôt que d'entités concrètes, distinctes et indépendantes.

Nous ne voulons pas dire que les choses et les événements n'existent pas. Notre expérience atteste le contraire. Nous sentons qu'ils produisent un effet : certains nous font souffrir, d'autres nous réjouissent. Notre impression est qu'ils sont bien réels.

La conclusion que nous pouvons en tirer est qu'il existe une disparité entre le monde tel que nous le percevons, et ce qu'il est en fait. Les apparences sont différentes de la réalité. Une fois que vous avez gagné ne serait-ce qu'une once de compréhension de cette disparité, gardez-la présente à l'esprit et observez la façon dont vous percevez habituellement le monde, les faits, les gens, y compris vous-mêmes. Vous constaterez que vous avez tendance à les voir comme s'ils avaient un caractère indépendant et objectif. Vous constaterez que les choses ne vous apparaissent pas telles qu'elles sont. Vous vous concentrerez alors sur cette conclusion : les choses n'existent pas en soi ; elles n'ont pas ce caractère indépendant que nous croyons discerner en elles.

Puisqu'elles existent malgré tout, de quelle façon

existent-elles ? Nous sommes obligés d'affirmer que leur existence s'explique uniquement en termes d'interactions, de dépendance de divers facteurs, ainsi que de concepts et d'étiquettes que nous leur apposons. Laissez votre esprit demeurer sur cette conclusion : les choses n'ont pas de réalité ou d'identité intrinsèque. C'est ce qu'on appelle méditer sur la vacuité.

Méditer sur la vacuité, ce n'est pas penser : « Oh ! c'est ça, la vacuité », ni : « Les choses n'existent pas de cette façon, mais peut-être d'une autre ? » Vous ne devez pas essayer d'affirmer quoi que ce soit. Laissez votre esprit demeurer sur cette conclusion : les choses et les événements sont dépourvus de réalité en soi. Ce qui n'est pas mettre son esprit dans un état d'absence ou de vide total.

Le défi de la patience

POSTFACE DE L'INTERPRÈTE DE SA SAINTETÉ

Les maîtres tibétains aiment raconter à leurs disciples l'histoire populaire suivante. Un jour, un berger passe par hasard devant la grotte où un ermite vit en solitaire, dans la montagne. Intrigué, il lui crie :

— Que fais-tu ici, tout seul, dans ce coin perdu ?

— Je médite, répond l'ermite.

— Ah ! Et tu médites sur quoi ?

— Sur la patience.

Après un instant de silence, le berger décide de rebrousser chemin. Au moment de repartir, il se retourne vers l'ermite et lance :

— Va au diable !

— Eh, qu'est-ce que tu racontes ! Va au diable toi-même ! réplique l'ermite.

Le berger se met à rire et rappelle à l'ermite qu'il est supposé pratiquer la patience.

Cette histoire illustre le défi essentiel auquel est confronté celui qui souhaite pratiquer la patience :

dans une situation où, normalement, notre colère devrait éclater, comment rester spontané et réagir avec calme ? Ce problème ne se pose pas uniquement au religieux. C'est un défi auquel nous devons faire face lorsque nous essayons de vivre nos vies avec un minimum de dignité. Nous nous trouvons sans cesse dans des situations qui nous montrent les limites de notre patience et de notre tolérance. En famille, dans notre travail ou dans nos rapports avec les autres en général, il n'est pas rare que nos préjugés soient exposés, nos croyances contestées et notre propre image menacée. C'est dans ces circonstances que nous devons faire appel à nos ressources intérieures, car, dirait Shantideva, notre caractère est mis à l'épreuve et nous pouvons voir jusqu'à quel point nous sommes devenus patients et tolérants.

Cette petite histoire nous apprend aussi qu'on ne peut cultiver la patience en s'isolant d'autrui. En fait, ce n'est que dans nos rapports avec d'autres êtres humains que cette vertu peut se manifester. La réaction spontanée de l'ermite montre que son développement intérieur était aussi fragile qu'un château de sable. Se plonger dans des pensées de tolérance et de compassion en un lieu solitaire où l'on ne risque pas d'être mis à l'épreuve est une chose ; vivre ces mêmes idéaux dans la réalité quotidienne des rapports avec autrui en est une autre. Mon propos n'est pas de minimiser l'importance de la méditation silencieuse. Les méditations solitaires permettent d'intérioriser un certain nombre de connaissances qui, sans cela, resteraient purement intellectuelles. De plus, comme presque toutes les anciennes traditions religieuses indiennes, le bouddhisme considère la méditation comme un élément clé de la voie spirituelle. Il n'en reste pas moins que seuls les rapports avec autrui permettent de tester véritablement notre patience.

La troisième remarque que suggère la rencontre entre le berger et l'ermite est que l'on ne devient authentiquement patient que lorsqu'on est parvenu, au moins jusqu'à un certain point, à contrôler sa propre colère. Il est naturel de ressentir une émotion violente lorsqu'on est agressé sans raison. Mais un être imprégné de spiritualité doit être capable de vaincre ce réflexe. C'est ce qu'indique Shantideva dans *La Marche vers l'Éveil.* Et le commentaire lumineux de Sa Sainteté le Dalaï-Lama explique quels sont les idéaux et les pratiques qui permettent de cultiver et de parfaire cette qualité spirituelle vitale qu'est la patience.

Ce livre enseigne les éléments essentiels de ce qu'on appelle, dans le bouddhisme du Grand Véhicule, l'idéal du bodhisattva, c'est-à-dire l'idéal altruiste de celui qui aspire à la vie spirituelle et consacre sa vie au bonheur des autres. L'idéal du bodhisattva élève-t-il la résignation et la soumission au rang de grands principes spirituels ? Préconise-t-il la tolérance envers le mal ? Que dit-il de la colère et de la haine, lorsqu'elles sont justifiées ? L'idéal du bodhisattva exiget-il de nous l'impossible, parce qu'il va à l'encontre de notre nature humaine profonde ? Telles sont les questions qui viennent à l'esprit des lecteurs de Shantideva.

SHANTIDEVA ET *LA MARCHE VERS L'ÉVEIL*

Il est nécessaire de dire quelques mots sur *La Marche vers l'Éveil* de Shantideva, dont le chapitre six constitue le cœur de l'enseignement du Dalaï-Lama présenté dans cet ouvrage. Écrite au VIIIe siècle, cette œuvre est devenue un classique de la littérature bouddhiste du Grand Véhicule. Selon la légende, Shantideva a improvisé le texte d'un bout à l'autre lorsqu'on lui a demandé un discours devant une assemblée de moines de l'université monastique indienne de Nalanda. On raconte que les moines, en lui faisant cette requête, voulaient l'humilier, car ils ne le voyaient rien faire d'autre que « manger, dormir et déféquer ». Très peu avaient compris que Shantideva, en ayant l'air de mener une vie paresseuse, était extrêmement érudit et possédait une profonde expérience intérieure. Selon les différentes versions tibétaines, lorsque Shantideva aborda le chapitre neuf, qui traite de la sagesse, il commença à s'élever dans les airs et disparut peu à peu, tandis que sa voix continuait à se faire entendre.

L'importance de *La Marche vers l'Éveil* ne peut être sous-estimée. Ce texte est devenu l'une des œuvres bouddhistes les plus célèbres. Les bouddhistes pratiquants l'ont perçu comme un enseignement essentiel. Il demeure, encore aujourd'hui, l'un des deux textes fondamentaux — le deuxième étant *La Précieuse Guirlande* de Nagarjuna — sur la carrière altruiste du bodhisattva. Les érudits et les philosophes bouddhistes considèrent le neuvième chapitre, consacré à la connaissance transcendante, comme une contribution majeure au développement de la philosophie bouddhiste de la Voie du Milieu. Quant aux pratiquants ordinaires, ce livre est pour eux une source d'inspiration dans la pratique de leur foi. Le dernier chapitre, sur la dédicace des mérites, demeure l'une des expressions les plus passionnées du sentiment religieux dans la littérature du Grand Véhicule.

C'est probablement au Tibet que *La Marche vers l'Éveil* eut le plus de retentissement. Depuis sa traduction en tibétain au XIe siècle, ce livre n'a cessé d'y exercer une influence sur la vie religieuse et sur les enseignements des quatre grandes écoles : Nyingma, Sakya, Kagyu et Gelug. Non seulement il a été le point de départ d'un travail d'érudition portant sur les idéaux et les pratiques du Grand Véhicule dont il traite en détail, mais il a fait apparaître une littérature nouvelle connue sous le nom de *lojong*, ou entraînement de l'esprit. Ces écrits religieux traitent des deux préoccupations centrales de l'œuvre de Shantideva :

l'entraînement à la pensée altruiste de l'Éveil et la vision de la réalité. Ceux qui ont assisté aux conférences du Dalaï-Lama se rendront compte du pouvoir d'inspiration qu'exerce sur lui l'œuvre de Shantideva en se rappelant avec quelle fréquence il la cite. Il a presque immortalisé le quatrain :

Tant que l'espace durera
Et tant que les êtres demeureront,
Puissé-je, moi aussi, demeurer
Pour dissiper la misère du monde ! (X:55)

en déclarant à maintes reprises que rien ne pouvait l'inspirer davantage.

Au Tibet, les novices ont pris l'habitude d'apprendre par cœur le livre de Shantideva pour le psalmodier lors des récitations communes. La traduction tibétaine est versifiée et chaque stance est composée de quatre vers au même nombre de pieds. Je me souviens avec bonheur des nuits pendant lesquelles nous récitions en groupe, au monastère de Ganden où j'ai reçu mon éducation de moine, au sud de l'Inde, et de mon émerveillement devant la beauté et la profondeur des paroles de Shantideva.

Le lecteur moderne se posera sans doute quelques questions. Je laisse au texte et au commentaire du Dalaï-Lama le soin d'y répondre. En ma qualité d'interprète, je tenterai de donner quelques explications qui serviront de toile de fond à la pensée de

Shantideva et du Dalaï-Lama et aideront à situer les enseignements du livre dans un contexte plus large.

Le mot tibétain *seupa*, que nous traduisons ici par « patience », a diverses connotations. Littéralement, il veut dire « endurance ». Dans sa forme parlée, il a le sens de « supporter » ou « endurer », des épreuves par exemple. Quand on l'emploie pour décrire une qualité, ou le caractère de quelqu'un, il signifie plutôt « tolérance ». Mais « tolérance » en soi ne suffit pas à rendre le sens complet de *seupa*, car on peut avoir un tempérament tolérant et être en même temps impatient. Or celui qui possède beaucoup de *seupa* est considéré comme très patient. Je ne suggère pas qu'on traduise ce mot par « patience-tolérance-endurance ». Je voudrais attirer l'attention sur les significations multiples du terme tibétain, afin que le lecteur soit conscient de la complexité des concepts qu'il implique.

En recommandant de pratiquer la patience, Shantideva ne veut pas dire qu'il faut se laisser insulter ou exploiter, ni accepter sans condition la souffrance. Il conseille d'adopter une attitude ferme face à l'adversité. Dans son commentaire, le Dalaï-Lama fait la distinction entre soumission et tolérance. La tolérance n'est possible que lorsqu'on a décidé de ne pas se venger du mal, réel ou imaginaire, qu'on nous a fait. Le plus important est la décision consciente. Bien que ni Shantideva ni le Dalaï-Lama ne proposent une définition de la patience, nous pouvons adopter ceci comme outil de travail : la patience *(seupa)*, selon l'acception bouddhiste, est une réaction ferme devant l'adversité, émanant d'un être posé qu'aucune agitation, extérieure ou intérieure, ne peut ébranler. On ne peut pas l'appeler une soumission passive, mais plutôt une attitude active face à une situation hostile.

Shantideva envisage trois types de patience : 1. la patience fondée sur une acceptation consciente de la douleur et des épreuves ; 2. la patience qui résulte d'une réflexion sur la réalité ; et 3. la patience à l'égard du mal que nous inflige autrui.

Le premier type est abordé dans les stances 12 à 21. Faisant d'abord observer que la douleur et la souffrance font partie de la vie, Shantideva déclare que refuser cette vérité ne peut qu'aggraver notre malheur. Il poursuit en disant que si nous pouvions intérioriser cette vérité, nous en retirerions d'énormes avantages dans notre vie quotidienne. Nous verrions dans la souffrance un catalyseur de notre progrès spirituel. Celui qui est capable de réagir à la souffrance de cette façon peut accepter les souffrances et les épreuves liées à la recherche d'un objectif plus élevé. Nous sommes tous conscients de ce principe : pour nous protéger des maladies tropicales, nous acceptons la douleur des vaccinations.

Pour nous convaincre qu'il est possible d'accepter des douleurs plus grandes que celles que nous nous croyons capables de supporter, Shantideva nous a laissé cette stance mémorable :

Il n'existe rien
D'irréalisable par l'exercice.
Donc, en s'habituant à des souffrances légères,
On arrive à en supporter de grandes. (VI:14)

Il conclut en attirant notre attention sur les aspects positifs de la souffrance, si on peut utiliser ce terme. La souffrance nous tire de notre sommeil spirituel. Elle nous rend capables de comprendre celle des autres et d'éprouver pour eux de la compassion. Elle instille en nous la crainte du mal. Notre compréhension de la souffrance renforce notre désir de liberté spirituelle. La vision fondamentale de Shantideva est fondée : même la souffrance ou la douleur peuvent avoir un effet positif, si on les aborde avec l'attitude appropriée.

Les stances 22 à 34 traitent de la patience fondée sur la compréhension de la réalité. Ici, Shantideva veut montrer que l'action exercée par les êtres et les événements sur nous est déterminée par un ensemble de causes et de conditions. Parmi les causes qui incitent quelqu'un à nous faire du tort, beaucoup échappent à son contrôle. Nous n'avons pas plus envie de nous emporter que de tomber malades ; pourtant nous tombons fréquemment sous l'emprise de la colère. Séparer quelqu'un de l'ensemble de facteurs complexes qui le poussent à mal agir et le désigner comme responsable de ses actes est illogique. Shantideva analyse de façon inattendue une situation simple : si quelqu'un nous assène un coup de bâton, le bâton et celui qui le brandit sont aussi responsables l'un que l'autre de la douleur qu'ils nous infligent. Si nous poussons le raisonnement encore plus loin, le fait de posséder une existence corporelle est en soi un facteur important de douleur. Mais, dit Shantideva, la cause fondamentale est l'émotion négative qui, au départ, a poussé quelqu'un à nous agresser.

Le principe sous-jacent de ce second type de patience est le concept bouddhiste fondamental de production interdépendante. Rien ne surgit seul. Tout naît d'un concours de causes et de conditions multiples. Ce principe pouvant être perçu à divers niveaux — en termes de dépendance causale, de réciprocité de concepts, d'interdépendance entre nos perceptions et le monde —, la compréhension de la réalité qui conduit à une meilleure tolérance envers autrui et les événements peut être plus ou moins subtile. Voir que le monde est une illusion peut avoir pour effet de réduire l'intensité de réactions violentes telles que la colère :

Ainsi, tout dépend d'une cause ;
Et cette cause aussi est dépendante.
Contre des automates pareils à des créations magiques,
A quoi bon s'irriter ? (VI:31)

Ces vers font écho à des observations similaires au chapitre neuf. Après avoir défendu la vision philosophique bouddhiste du monde fondée sur la compréhension de la nature vide des phénomènes, Shantideva pose les questions : Qu'y a-t-il à gagner ou à perdre ? Qui doit être loué ou insulté ? D'où proviennent la joie et la douleur ? De quoi peut-on se réjouir ou s'attrister ? Comme les maîtres bouddhistes de haut niveau, Shantideva attire notre attention sur le lien très étroit qui existe entre l'attachement et les émotions comme la colère. Plus nous nous attachons, plus nous avons de chances de nous mettre en colère, lorsque l'objet de notre attachement est menacé.

Nous pouvons voir par nous-mêmes que plus nous comprenons la complexité des causes d'un événement, plus nous sommes capables d'aborder cet événement avec calme et tolérance.

Dernier type de patience : la patience envers le mal que nous fait autrui. Elle s'applique à nos rapports immédiats avec autrui, que Shantideva traite en dernier (quatrains 34 à 63). Quand nous sommes en colère, c'est la plupart du temps contre un de nos semblables. Et tant que nous n'avons pas appris à nous comporter avec les autres sans laisser les émotions négatives violentes interférer, nous ne pouvons être patients. A plus forte raison si notre idéal est celui du bodhisattva, dont le but avoué est de libérer tous les êtres qui vivent dans l'ignorance. Qu'un tel être se mette en colère contre l'objet même qu'il s'est engagé à sauver est inconvenant.

Shantideva démontre qu'il vaut mieux éprouver de la compassion que de la colère envers ceux qui nous font du tort. Puisque ces derniers agissent sous l'emprise de l'ignorance, ils sont, en quelque sorte, possédés. Cela peut rappeler les paroles de l'Évangile : « Pardonne-leur, parce qu'ils ne savent pas ce qu'ils font. » Shantideva demande même d'aller plus loin, et de considérer nos ennemis comme des êtres chers, car eux seuls nous offrent l'occasion rare de pratiquer la patience.

Les mendiants sont communs dans le monde,
Rares les offenseurs,
Car si je n'offense personne,
Personne ne m'offensera.

Un ennemi acquis sans effort,
C'est un trésor surgi dans ma maison ;
Il doit m'être cher,
Cet auxiliaire de ma carrière spirituelle. (VI:106-107)

C'est sur ce genre de citations que le Dalaï-Lama s'appuie, lorsqu'il dit que notre ennemi est notre plus grand maître. Nul doute que, lorsqu'il négociait avec les autorités chinoises qui avaient fait tant de mal à son peuple et causé tant de destructions dans son pays, il mettait en pratique cet enseignement. On peut le croire lorsqu'il affirme que ni lui ni son peuple n'éprouvent de haine pour les Chinois.

L'argumentation de Shantideva semble pousser le rationalisme à l'extrême. Il démontre pourquoi la colère est futile devant un acte malveillant. Cherchons à voir, dit-il, si faire du mal aux autres est inscrit dans la nature humaine, ou s'il s'agit d'un phénomène accidentel. Il est absurde de s'emporter. Cela revient à en vouloir au feu parce qu'il brûle. Mais s'il s'agit d'un fait accidentel, la colère n'est pas logique, car c'est comme reprocher au ciel d'être couvert de nuages. Quels que soient les mérites de cet argument, on ne peut s'empêcher de demander jusqu'à quel point on peut le prendre au sérieux. Pourtant, nous savons que nous avons tendance à nous mettre davantage en colère lorsque nous sommes sûrs d'être dans notre droit. Le lecteur moderne verra que, lorsque Shantideva s'attache à démontrer que réagir à un événement par une émotion violente est illogique, cet exercice intellectuel n'est pas inutile.

COMMENT ABORDER LA COLÈRE

Le discours de Shantideva et celui du Dalaï-Lama sur la haine et la colère sont explicites. Shantideva ouvre son chapitre sur la patience par une déclaration forte :

La générosité, la vénération pour les bouddhas,
Le bien qu'on fait pendant des milliers d'ères,
Tout cela est détruit par un instant de haine.

Nul fléau, poursuit-il, n'est comparable à la haine, et nulle force d'âme ne surpasse la patience. Développez votre patience. Le principal ennemi de la patience, dit-il, c'est la colère, ou la haine. La colère est un poison et la patience est le remède qui débarrasse notre esprit de ses toxines. Comme le montre le commentaire du Dalaï-Lama, selon Shantideva, le combat contre la colère doit passer par deux étapes. La première, c'est la reconnaissance du caractère nocif de la colère, en particulier de ses effets destructeurs ; la deuxième, c'est la compréhension du processus qui aboutit à l'apparition de la colère. Ce dernier point présente un intérêt particulier pour le lecteur de notre époque, qui abordera le texte de Shantideva avec ses concepts liés à la psychologie moderne.

Au septième quatrain, Shantideva dit que l'aliment de la colère est le mécontentement. Le terme tibétain employé, *yid mi bde ba*, peut se traduire par « abattement », « mécontentement », ou « insatisfaction ». Il faut le comprendre comme un sentiment d'insatisfaction envahissant qui n'est pas toujours conscient. Shantideva semble dire que ce mécontentement larvé engendre une frustration, et que les conditions sont alors réunies pour une soudaine explosion de colère, au moment où les choses ne se passent pas comme nous le souhaitons. Une fois que nous avons compris cet enchaînement, nous pouvons apprécier la méthode qu'il nous propose. Elle vise à extirper l'insatisfaction latente, plutôt qu'à se confronter à la colère elle-même. C'est pourquoi Shantideva souligne l'importance des réflexions qui rendent l'esprit stable.

Shantideva semble ne faire aucune distinction entre

la colère et la haine. Le commentaire du Dalaï-Lama déclare qu'il existe une différence cruciale. En principe, dit-il, on peut admettre qu'il existe une colère positive. Ce peut être le sentiment de révolte devant l'injustice faite à autrui, qui agit comme un catalyseur et nous pousse à de grandes actions altruistes. Mais une telle possibilité est exclue en ce qui concerne la haine. La haine, dit-il, ne peut avoir aucune vertu, car elle nous ronge de l'intérieur et empoisonne nos rapports. Elle est « le véritable ennemi, l'ennemi intérieur ». On peut dire que ce qui distingue la haine de la colère est la présence ou l'absence de malveillance. On peut être en colère sans malveillance. Le Dalaï-Lama demande de veiller à ce que, même si nous sommes en colère, nous ne laissions jamais cette colère devenir une haine.

L'un des principes essentiels pour contrôler les émotions est la croyance dans la « malléabilité » de l'esprit, sa capacité illimitée à s'améliorer. Cette croyance s'appuie sur la compréhension des différents modes de fonctionnement de l'esprit. Les enseignements de Shantideva et du Dalaï-Lama s'inscrivent dans la longue histoire de la psychologie et de la philosophie bouddhistes, qui mettent l'accent sur l'analyse des émotions.

L'esprit y est perçu comme un système complexe et dynamique, dans lequel les dimensions cognitives et affectives forment un tout. Lorsque Shantideva et le Dalaï-Lama expliquent comment gérer les émotions comme la colère, ils ne disent pas qu'il faut les refouler. La psychologie bouddhiste s'accorde avec la psychologie moderne sur le caractère nuisible du refoulement. La méthode bouddhiste consiste à s'attaquer à la racine de la colère pour que cette colère ne repose plus sur rien. Shantideva et le Dalaï-Lama nous enseignent comment orienter notre esprit de manière que nous soyons moins enclins aux réactions émotives fortes. Le message est simple : disciplinez votre esprit ! Shantideva souligne l'importance cruciale de la discipline intérieure au moyen d'une métaphore :

Où trouver un cuir assez grand
Pour couvrir toute la terre ?
Le simple cuir de mes sandales
Y suffit.

De même, je ne puis maîtriser
Les phénomènes extérieurs,
Mais je maîtriserai mon esprit :
Que m'importent les autres maîtrises ! (VI:13-14)

Ceci rappelle, bien entendu, le verset mémorable du *Dhammapada* dans lequel le Bouddha déclare :

Intangible et subtil est l'esprit
Qui court à son gré après les chimères.
Sages sont ceux qui le disciplinent,
Car l'esprit bien discipliné est source de grande joie.
[(Stance 35)

Shantideva nomme cette pratique bouddhiste de base « la garde de l'esprit », et la commente abondamment au chapitre cinq de *La Marche vers l'Éveil*.

Je désire également attirer l'attention sur le caractère pragmatique de l'enseignement de Shantideva. Il ne donne pas à penser qu'il existe un seul remède ou une seule solution aux problèmes. Sa méthode met à contribution toutes nos ressources intérieures. Quand Shantideva argumente, il fait appel à la raison humaine. Il interpelle nos sentiments humanitaires fondamentaux, et joue sur notre capacité de révolte morale. Son principe de base semble être d'appliquer le remède qui fonctionne le mieux. Nombre d'idées exposées dans ce livre sont fondées sur le bon sens. Qui pourrait contester le sens pratique des vers, que le Dalaï-Lama aime tant citer :

S'il y a un remède,
A quoi bon le mécontentement ?
S'il n'y a pas de remède,
A quoi bon le mécontentement ? (VI:10)

Ni Shantideva ni le Dalaï-Lama ne croient en l'Éveil immédiat. Cultiver la discipline intérieure est un travail de longue haleine. Comme le Dalaï-Lama le fait remarquer, attendre un résultat immédiat est une preuve d'impatience ; or l'impatience est ce que les enseignements de ce livre tendent à combattre. Le Dalaï-Lama constate que le lecteur moderne recherche souvent ce qu'il y a « de mieux, de plus rapide, de plus facile, et, si possible, de moins coûteux ».

La voie de l'amélioration de soi exige un long engagement. Ce voyage peut apporter une immense récompense. Même à court terme, ses effets bénéfiques sur notre vie paraissent remarquables. Il n'est que d'observer le Dalaï-Lama lui-même. S'il est l'exemple de ceux qui récoltent le fruit d'un tel effort, les vertus de ce dernier ne font plus aucun doute.

Geshe Thupten Jinpa [1]
Girton College
Université de Cambridge.

1. Geshe Thupten Jinpa est considéré parmi les bouddhistes tibétains comme l'un de leurs plus brillants enseignants. Si Mathieu Ricard est le principal traducteur du Dalaï-Lama en français, Geshe Jinpa est le meilleur en anglais.

Glossaire

Certaines définitions que nous donnons ici sont extraites de A Handbook of Tibetan Culture, *(Shambala, Boston, 1994) ainsi que du glossaire du livre* Le Chemin de la Grande Perfection *(Padmakara, 1997). Pour de plus amples informations sur les termes techniques, le lecteur est prié de se référer à ces textes.*

ABHIDHARMA (sanskrit) : l'un des trois recueils du canon bouddhiste (*Tripitaka* ou *Trois Corbeilles*) ; éclairant et développant les enseignements contenus dans les *Soûtras*, il décrit l'univers, les êtres, les étapes de la voie de l'Éveil, etc., et réfute les opinions erronées.

AGRÉGATS (sanskrit : *skandha*) : les cinq constituants psychosomatiques de notre être, selon l'Abhidharma : forme physique, sensation, perception, formation et conscience.

ARHAT (sanskrit) : un être qui a atteint la libération du cycle des existences en éliminant les tendances karmiques et les émotions négatives qui le faisaient renaître dans le cercle vicieux du samsara. C'est le but auquel aspirent les pratiquants du Petit Véhicule.

BODHISATTVA (sanskrit) : celui qui a fait naître l'esprit d'Éveil en lui et progresse sur la voie de l'Éveil ultime. On distingue les bodhisattvas ordinaires, c'est-à-dire les pratiquants du Grand Véhicule, et les bodhisattvas suprêmes, ceux qui ont atteint l'une des dix « terres », ou degrés de réalisation.

CALME MENTAL (sanskrit : *shamatha*) : état dans lequel toute distraction par les objets extérieurs ayant disparu, l'esprit demeure sans vaciller dans la concentration qu'il a choisie. C'est la base de toutes les concentrations et méditations.

CENTRE D'ÉNERGIE (sanskrit : *chakra*, littéralement : « roue ») : dans le contexte des tantras, ce terme désigne certains points du corps d'où partent les principaux canaux d'énergie subtile. On en distingue habituellement cinq, situés au niveau de la tête, de la gorge, du cœur, du nombril et des organes sexuels.

CHITTAMATRA (école) (littéralement « esprit seul »). L'une des quatre grandes écoles bouddhistes du Grand Véhicule en Inde, fondée par Asanga au IVe siècle.

Selon cette école, les phénomènes ne sont que des projections de l'esprit.

CORPS ABSOLU. Voir TROIS CORPS.

CORPS DE FORME. Voir TROIS CORPS.

DEUX VÉRITÉS : la vérité relative, ou conventionnelle (les choses telles qu'elles nous apparaissent) et la vérité absolue, ou ultime (la vacuité).

DHARMA (sanskrit) : ce terme a de nombreux sens. Dans son usage bouddhiste le plus courant, il désigne l'enseignement du Bouddha. C'est la signification qu'il a chaque fois qu'il est employé dans le présent ouvrage.

DHARMAKIRTI : philosophe indien et logicien du VIe-VIIe siècle dont les œuvres constituent la base de l'étude de la logique et de l'épistémologie dans la tradition bouddhiste tibétaine.

ÉMOTION NÉGATIVE (sanskrit : *klesha,* tibétain : *nyon mongs*) : phénomène mental perturbant l'esprit et le corps, et se traduisant par des actes dits « négatifs » car ils ont pour effet la souffrance, non seulement d'autrui, mais de soi-même à plus ou moins long terme. Les trois émotions négatives de base, ou « trois poisons » sont : le désir/attachement, la haine/colère, et l'ignorance/confusion.

ESPRIT D'ÉVEIL : aspiration à atteindre l'Éveil ultime pour libérer tous les êtres de la souffrance.

GOUTTE ESSENTIELLE (sanskrit : *bindu*, littéralement : « goutte ») : les gouttes essentielles sont les essences masculines ou féminines qui, avec les canaux d'énergie et les énergies qui circulent en eux, forment un aspect important de la psychologie humaine, selon la théorie médicale bouddhiste et les tantras. Ce terme peut avoir un sens différent en fonction du contexte et du type de pratique.

GRAND VÉHICULE (sanskrit : *mahayana*) : l'une des deux (l'autre étant le Petit Véhicule) ou trois (si l'on ajoute le Véhicule des Tantras) grandes voies, ou véhicules, du bouddhisme. On le qualifie de « grand » en raison de la grandeur du courage, de l'intention, de la pratique, de la sagesse, des méthodes, du résultat et de l'activité du bodhisattva, par rapport au pratiquant du Petit Véhicule.

GRANDE PERFECTION (tibétain : *rdzogs chen*) : système de pratiques le plus élevé dans la tradition Nyingma du bouddhisme tibétain.

JATAKAS : récits des vies antérieures du bouddha Shakyamuni illustrant comment, à partir du moment où il conçut l'esprit d'Éveil, il voua toutes ses existences à l'idéal du bodhisattva.

KADAMPA (tibétain) : adepte de l'école Kadam du bouddhisme tibétain, fondée au XIe siècle par Atisha, grand saint et érudit indien, et par Dromtonpa, son disciple tibétain. Cette école est réputée pour l'importance qu'elle accorde à l'application pratique des idéaux du bodhisattva. Elle est à l'origine du type d'ouvrages ou de pratiques appelé *lojong* (entraînement, ou transformation, de l'esprit).

KARMA (sanskrit, littéralement : « action ») : l'acte et l'énergie mentale qu'il engendre ; l'acte et son effet. Chaque acte physique, verbal ou mental laisse une empreinte mentale capable de rester dans le continuum de la conscience, d'une vie à l'autre, jusqu'à ce que, au contact de circonstances et de conditions particulières, elle « mûrisse » sous forme de bonheur ou de malheur, selon que l'acte est positif ou négatif. La doctrine karmique comporte deux axiomes principaux : 1. On ne subit jamais les conséquences d'un acte que l'on n'a pas accompli ; 2. Le pouvoir d'un acte commis ne s'épuise jamais jusqu'à ce qu'il produise son effet, à moins qu'il ne soit neutralisé par un antidote spécifique.

KUNGA GYALTSEN (1182-1251) : l'un des cinq grands fondateurs de l'école Sakya du bouddhisme tibétain.

MADHYAMIKA (sanskrit, littéralement : « voie du milieu ») : enseignement sur la vacuité donné pour la première fois par Nagarjuna et considéré comme l'un des fondements du Véhicule des Mantras. « Milieu » veut dire qu'il se situe entre les extrêmes de la croyance à la réalité des phénomènes et du nihilisme. École du même nom, la plus influente des quatre écoles philosophiques du bouddhisme indien.

MAHAMUDRA (sanskrit, littéralement : « le grand sceau ») : ce concept est défini différemment, selon qu'il est employé dans le contexte des soûtras ou des tantras. En tant que méthode de méditation, le Mahamudra consiste à pratiquer à la fois le calme mental et la vision pénétrante, tout en fixant son attention sur la nature de l'esprit.

MAITREYA : l'un des huit grands bodhisattvas, disciple du bouddha Shakyamuni et futur bouddha de cet univers, auquel on attribue les cinq grands textes fondamentaux de l'école Chittamatra.

MÉRITE : dans le contexte bouddhiste, les mérites sont l'empreinte vertueuse, ou plus exactement l'énergie positive liée aux pensées, aux paroles et aux actes bénéfiques ou bienveillants. Ils créent les conditions favorables à l'éclosion de la connaissance, bien qu'ils n'y conduisent pas par eux-mêmes.

NAGARJUNA : grand maître indien du IIe siècle à l'origine de l'école Madhyamika, et l'un des principaux commentateurs des enseignements du Bouddha.

NIRVANA (sanskrit, littéralement : « au-delà de la souffrance ») : la cessation permanente de la souffrance et de ses causes. Il y a plusieurs interprétations de ce terme selon les différents Véhicules.

NYINGMA (tibétain) : l'école la plus ancienne du bouddhisme tibétain, dont l'origine correspond à l'arrivée du grand maître indien Padmasambhava au Tibet, au VIIIe siècle.

PETIT VÉHICULE (sanskrit : *hinayana*) : appelée aussi Theravada (la parole des anciens), cette voie du bouddhisme doit le qualificatif de « petit » à la motivation initiale du pratiquant œuvrant à sa propre libération de l'existence cyclique, par opposition au Grand Véhicule, dont le but est de libérer tous les êtres.

QUATRE NOBLES VÉRITÉS : la souffrance, l'origine de la souffrance, la cessation de la souffrance et la voie qui mène à la cessation de la souffrance. L'enseignement de ces quatre vérités est la base du premier discours public donné par le bouddha Shakyamuni après son Éveil.

RENDAWA (tibétain : *red mda' ba*) (1349-1412) : grand maître de l'école Sakya du bouddhisme tibétain, au XIVe siècle. Il fut un des principaux maîtres de Tsongkhapa, le fondateur de l'école Gelug.

SAMSARA (sanskrit) : le cycle de l'existence dans lequel on passe sans arrêt d'une vie à une autre, poussé par la force des actes (karma).

SANGHA (sanskrit) : au sens le plus large, c'est l'ensemble des pratiquants du bouddhisme. Selon le contexte, ce mot peut avoir une signification plus restreinte et désigner la communauté monastique, ou encore la communauté idéale des êtres réalisés.

SIX PERFECTIONS (sanskrit : *paramitas*) : six pratiques fondamentales du bodhisattva : 1. générosité ; 2. discipline morale ; 3. patience ; 4. courage ou effort joyeux ; 5. concentration ; 6. connaissance (ou sagesse).

SOÛTRA (sanskrit) : discours public du bouddha Shakyamuni. La *Corbeille des Soûtras* est l'un des trois grands recueils de textes canoniques du bouddhisme.

TANTRA (sanskrit, littéralement : « continuum ») : texte fondamental du bouddhisme tantrique. Enseignement et pratique fondés sur la pureté originelle de notre nature, et dont l'aboutissement est la réalisation ou l'actualisation de cette même nature. Les pratiques tantriques se caractérisent, entre autres, par la grande variété de moyens mis à la disposition du pratiquant, en fonction de sa nature et de ses dispositions.

TANTRA MÈRE : tantra du Tantra-yoga supérieur, caractérisé par la grande importance donnée à la compréhension de la claire lumière.

TANTRA PÈRE : tantra du Tantra-yoga supérieur caractérisé par la grande importance donnée aux moyens habiles et à la compréhension du corps illusoire.

TANTRA-YOGA SUPÉRIEUR (sanskrit : *anuttarayoga-tantra*) : le niveau le plus élevé des quatres classes du tantra. Les tantras se différencient par l'importance accordée aux pratiques externes, aux visualisations, au yoga interne ou aux techniques visant à rendre manifestes les trois *kayas*.

TONG-LEN (tibétain, littéralement : « donner et prendre ») : pratique du Grand Véhicule ayant pour but de développer l'amour et la compassion. On imagine que l'on donne son bonheur aux autres et que l'on prend sur soi leurs souffrances et leurs malheurs.

TROIS JOYAUX : le Bouddha, le Dharma et la Sangha. Ces termes ont plusieurs niveaux de sens. Selon l'usage courant, le Bouddha est celui qui montre la voie de la délivrance, le Dharma est son enseignement, et la Sangha est la communauté des pratiquants de la voic. Lcs Trois Joyaux sont considérés comme le refuge parfait qui protège de l'existence douloureuse dans le samsara.

Trois Corps (sanskrit : *trikaya*) : trois aspects de l'Éveil ultime, ou bouddhéité ; trois « formes » que revêt un bouddha : le corps absolu (*dharmakaya*), le corps de jouissance (*sambhogakaya*), et le corps de manifestation (*nirmanakaya*). Le premier est l'aspect vacuité, ineffable, imperceptible aux autres êtres, et les deux autres, appelés « corps de forme », sont la manifestation spontanée du corps absolu pour secourir les êtres.

Trois Poisons. Voir Émotion négative.

Vacuité (sanskrit : *shunyata*) : la nature ultime des phénomènes, le fait qu'ils n'ont pas de réalité en soi, mais doivent leur existence à un concours de causes et de conditions.

Vaibashika (école) : une des quatre écoles philosophiques majeures de l'Inde ancienne.

Véhicule des soûtras : subdivision du bouddhisme du Grand Véhicule dont les enseignements sont fondés sur les soûtras.

Véhicule des tantras : subdivision du bouddhisme du Grand Véhicule dont les enseignements sont fondés sur les tantras. On l'appelle aussi Véhicule des Mantras (*mantrayana*), ou Véhicule de Diamant (*vajrayana*).

VISION PÉNÉTRANTE (sanskrit : *vipashyana*) : définie comme « la vision de la nature des choses avec l'œil du discernement intérieur », la vision pénétrante est la deuxième étape de la méditation, une fois que le calme mental est atteint.

VINAYA (sanskrit, littéralement : « discipline ») : règles de conduite morale, destinées surtout aux religieux, mais aussi aux laïcs, et contenues principalement dans la *Corbeille du Vinaya*, l'un des trois grands recueils de textes canoniques du bouddhisme.

YOGACARA (sanskrit) : dans ce contexte, synonyme de CHITTAMATRA.

ŒUVRES CITÉES

SOÛTRAS

Soûtra de Pratimoksha (Pratimokshasūtra).

Soûtra du grain de riz (Salistambasūtra).

TRAITÉS DE MAÎTRES INDIENS

Aryadeva, *Traité en quatre cents stances (Catuhsataka).*

Asanga, *Compendium de la connaissance (Abhidharmasamuccaya).*

Chandrakirti, *L'Entrée dans la voie du milieu (Madhyamakâvatara).*

Dharmakirti, *Exposé des moyens acceptables de la connaissance (Prāmanavārtikka).*

Gunaprabha, *Soûtra du Vinaya (Vinayasūtra).*

Maitreya, *L'Ornement des claires réalisations (Abhisamayalamkāra).*

Maitreya, *L'Ornement des soûtras (Mahayanasûtralamkāra).*

Maitreya, *Le Sublime Continuum (Uttaratantra).*

Shantideva, *La Marche vers l'Éveil (Bodhisattvacaryāvatāra).*

Shantideva, *Le Compendium des instructions (Siksāsamuccaya).*

LECTURES CONSEILLÉES

Dalaï-Lama, *Comme un éclair déchire la nuit* (Albin Michel, 1992).

Dalaï-Lama, *Le Dalaï-Lama parle de Jésus* (Brépols, 1996).

Dalaï-Lama, *La Puissance de la compassion* (Presses de la Renaissance, 1997).

Dilgo Khyentsé, *Audace et compassion* (Padmakara, 1993).

Patrul Rinpoche, *Le Chemin de la Grande Perfection* (Padmakara, deuxième édition, 1997).

Shantideva[1], *La Marche vers l'Éveil* (Padmakara, 1992).

1 Nous remercions les éditions Padmakara qui nous ont autorisés à utiliser le texte de *La Marche vers l'Éveil* pour traduire les stances de Shantideva.

TABLE DES MATIÈRES

Achevé d'imprimer en mars 2000
sur les presses de l'Imprimerie Bussière
à Saint-Amand (Cher)

POCKET - 12, avenue d'Italie - 75627 Paris Cedex 13
Tél. : 01-44-16-05-00

— N° d'imp. 475. —
Dépôt légal : mars 2000.

Imprimé en France